Optimierung mit genetischen und selektiven Algorithmen

von
Werner Kinnebrock

R. Oldenbourg Verlag München Wien 1994

Prof. Dr. Werner Kinnebrock

Professor für Mathematik und Künstliche Intelligenz an der Fachhochschule Rheinland-Pfalz. 1966 Diplom in Köln (Mathematik), 1971 Promotion an der TU Karlsruhe. Von 1967 bis 1973 wissenschaftlicher Angestellter im Kernforschungszentrum Karlsruhe, von 1973 bis 1975 Leiter der Arbeitsgruppe „Anwendungen der Informatik" bei der Gesellschaft für wissenschaftliche Datenverarbeitung in Göttingen. Zahlreiche wissenschaftliche Veröffentlichungen sowie fünf Buchveröffentlichungen zur Künstlichen Intelligenz.

Anschrift:
Fachhochschule Rheinland-Pfalz, Abt. Bingen
FB Elektrotechnik
Rochusallee 4
55411 Bingen

Die Deutsche Bibliothek — CIP-Einheitsaufnahme

Kinnebrock, Werner:
Optimierung mit genetischen und selektiven Algorithmen / von Werner Kinnebrock. — München ; Wien : Oldenbourg, 1994
ISBN 3-486-22697-5

Gesamtherstellung: Huber KG, Dießen

ISBN 3-486-22697-5

Inhalt

Vorwort

Optimierungen sind "natürlich", was bedeutet, daß die Natur sich ihrer bedient. Dies gilt sowohl für die unbelebte Welt der Physik wie für die belebte Welt der Biologie. So wählt das Licht unter allen möglichen Lichtbahnen stets diejenige, bei der das Ziel in extremaler Zeit erreicht werden kann (Fermat'sches Prinzip). Auch in der Mechanik erfolgen Bewegungen von Massen unter den Bedingungen von Extremalprinzipien. In der Biologie hat die Evolution jene Individuen überleben lassen, die optimalen Anpassungsbedingungen genügten. Dabei entwickelte sie Eigenschaften, die in Abhängigkeit von den Umweltbedingungen als bestmöglich bezeichnet werden können.

Auch Menschen optimieren. Sportliche Wettkämpfe und Spiele werden unter Optimierungszwang ausgeführt. Strategien in der Produktion, im Dienstleistungssektor und im persönlichen Bereich sind immer nur Folgen von Aktionen unter übergeordneten Optimalbedingungen.

Ist alles Optimierung? Glücklicherweise nicht. Musik, Malerei und weitere Bereiche der Kunst sind zweckfrei, entziehen sich also dem Diktat von Optimierung. Auch in der Natur existieren solche Erscheinungen. So erklären die Evolutionsbiologen den Farben- und Musterreichtum eines Pfauenschwanzes für völlig überflüssig im Sinne der Evolution.

Wie findet man Optimalstrategien, optimale Konstellationen? Hier existiert ein fundamentaler Unterschied zwischen Natur und Mensch. Der Natur sind optimale Verhaltensweisen immanent: Der Lichtstrahl "weiß", welche Bahn er zu nehmen hat und die Evolution selektiert das bereits vorhandene Optimale. Der Mensch dagegen muß erst "berechnen". Er erarbeitet konstruktiv das bestmögliche Verhalten, das beste Arrangement. Die Mathematik bietet hierzu zahlreiche Verfahren zur Optimierung.

Allerdings weiß jeder, der mit Organisation und Optimierung zu tun hat, daß das Anwendungsspektrum dieser Verfahren nicht besonders groß ist. Optimieren von Stundenplänen, Maschinenauslegungen, Transportquantisierungen usw. sind so nicht lösbar.

Wie kann man vorgehen, wenn diese Probleme nicht konstruktiv lösbar sind? Machen wir es wie die Natur in der Evolution: ausprobieren. Natürlich nicht realiter, sondern als Simulation auf dem Computer. Damit sind wir bei den Verfahren, die man selektiv, genetisch oder evolutionär nennt. Sie orientieren sich an der Evolutionsbiologie und sind – wie dieses Buch zeigen möchte – leistungsfähig und breitfächrig anwendbar.

Ich danke Herrn Dr. Wipperman von der Fachhochschule Rheinland-Pfalz, Abteilung Bingen für seine Hilfe bei der Erstellung zahlreicher Abbildungen.

Einleitung

In diesem Buch geht es um das Auffinden optimaler Lösungen vorgegebener Probleme, also um Optimierungen.

Optimierungen und deren Lösungswege haben nicht nur die Mathematiker aller Zeiten in ihren Bann gezogen, sie besitzen auch eine enorme Anwendungsrelevanz in Technik, Ökonomie, Informatik und vielen anderen Bereichen. Man denke nur an die optimale Auslastung von Produktionseinheiten, die Anordnung elektronischer Schaltkreise auf einem Chip, die kostengünstigste Verlegung von Wasserleitungen. Eine möglichst sparsame Lagerhaltung fällt genau so in diese Kategorie wie zum Beispiel eine Geldanlage mit bester Rendite. Im Transportwesen geht es um eine optimale Auslastung eines Pipeline-Systems, wenn gewisse Nebenbedingungen zu erfüllen sind wie auch um die kostengünstigste Quantisierung von zu transportierenden Gütern. Maschinenbelegungspläne, Fahrpläne und Stundenpläne sind im Hinblick auf die Produktion wie auf die Mitarbeiter optimal zu gestalten.

Die Liste kann beliebig erweitert werden. Kaum ein Bereich in Produktion und Dienstleistung, der nicht betroffen ist. Dabei spielen in einer konkurrierenden Marktwirtschaft Optimierungen nicht nur eine wichtige Rolle, sie sind oft unverzichtbar. Man denke nur an teure Investitionen in Millionenhöhe, die meist nur bei optimaler Auslastung rentabel sind. Eine möglichst große Leistung bei möglichst wenig Einsatz ist eines der Grundziele eines funktionierenden Wirtschaftssystems.

Jeder, der mit Optimierungsaufgaben betraut ist, weiß um die Schwierigkeiten bei der Lösung. Fragt man Mathematiker, winken diese oft ab, weil das Problem nicht in vorhandene mathematische Kalküle paßt. ("Ja, wenn es wenigstens linear wäre ..." oder: "Das führt zu einer kombinatorischen Explosion".) Und in der Tat gibt es bestechende mathematische Verfahren zur Optimierung wie etwa das Simplexverfahren, allerdings sind die Voraussetzungen zur Anwendung so idealisiert, daß sie in vielen (wahrscheinlich den meisten) praktischen Fällen nicht einsetzbar sind.

In den letzten drei Jahrzehnten entstanden neue Ansätze, die sich an den Prinzipien der Evolution orientieren. Die algorithmische Nachbildung auf dem Computer zeigte, daß selbst bei extremen Vereinfachungen des Evolutionsmodells leistungsfähige Optimierungsverfahren entstehen. Zur Zeit existieren verschiedene Schulen, Ausprägungen und Ansätze. In der einfachsten Form, der Selektionsmethode, wird ein das System beschreibender Datensatz zufälligen Veränderungen, den Mutationen, ausgesetzt und der jeweils bessere Datensatz selektiert. Bezeichnet man die Datensätze als Individuen, so kann man das kollektive Verhalten einer Menge von Individuen, der Population, betrachten. Methoden, die mit Populationen arbeiten, sind leistungsfähiger als die Selektionsmethode und werden den genetischen oder evolutionären Algorithmen zugeordnet. Bestehen die Daten der Individuen aus Berechnungsvorschriften statt aus Zahlen, befinden wir uns im Bereich der genetischen Programmierung.

In den folgenden Abschnitten werden die verschiedenen Ansätze zur Nachbildung evolutionärer Modelle beschrieben und, anhand von Beispielen, ihre Leistungsfähigkeit demonstriert. Dabei zeigt es sich, daß zum Beispiel in der Numerischen Mathematik viele konventionelle Standardverfahren durch die Selektionsmethode ersetzbar sind, wobei der Programmieraufwand im allgemeinen um ein Vielfaches geringer ist. Darüberhinaus müssen die zu lösenden Optimierungsprobleme weder linear noch differenzierbar noch irgendwie sonst besonders strukturiert sein. Selektive und genetische Verfahren sind fast universell einsetzbar.

Im einzelnen werden vorgestellt und anhand von Beispielen diskutiert: das Mutations-Selektions-Verfahren, genetische Algorithmen, Evolutionsstrategien und die genetische Programmierung. In Kapitel 6 schließlich werden die Zusammenhänge zwischen neuronalen Netzen und genetisch-selektiven Verfahren erläutert.

Zum Schluß sei darauf hingewiesen, daß in der Rechnerentwicklung Parallelverarbeitungen immer wichtiger werden und daß Parallelrechner neue Ansätze fordern. Selektive und genetische Verfahren tragen dem in hohem Maße Rechnung.

1. Optimierungen

1.1 Das Problem

Jeder Schüler der Oberstufe kennt die klassische Optimierungsaufgabe: Suche ein Maximum/Minimum der reellwertigen, mindestens zweimal stetig-differenzierbaren Funktion f (x). Die Gleichung f'(x)=0 liefert die x-Koordinate des Extremums und das Vorzeichen von f''(x) zeigt, ob ein Maximum oder Minimum vorliegt.

Eine Erweiterung ist die Suche nach Extrema der Funktion f (x, y). Statt einer Kurve liegt eine Fläche im dreidimensionalen Koordinatensystem vor. Man stelle sich eine Landschaft vor mit Bergen und Tälern (Abb. 1a und Abb. 1b). Die Suche nach Extrema bedeutet das Auffinden von x-y-Koordinatenpunkten, an denen die Landschaft in eine Bergspitze

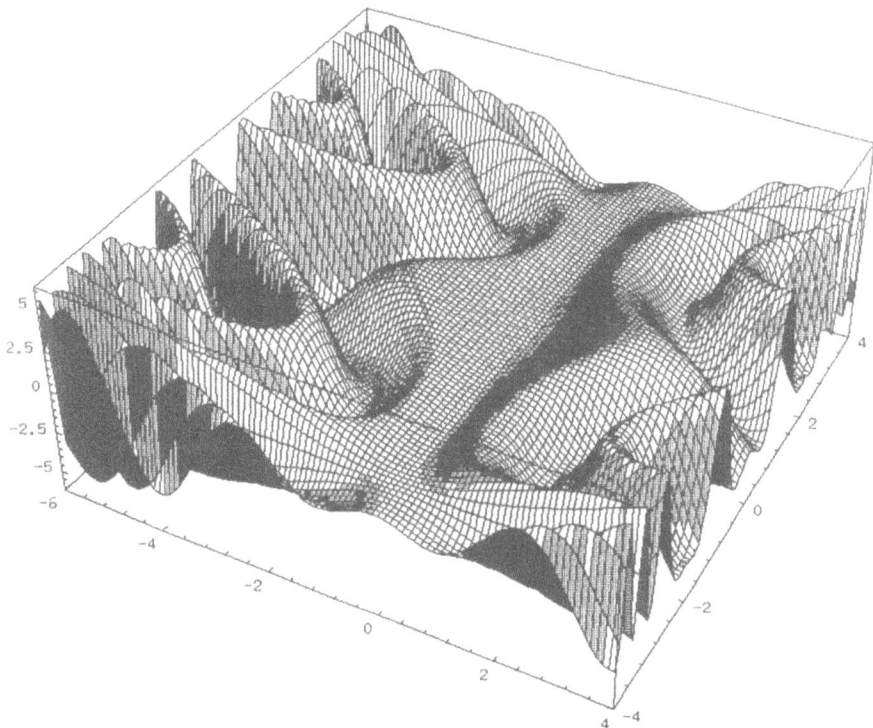

Abb. 1a: Fläche der Funktion z = x · sin (x + (x · y · sin (y)))

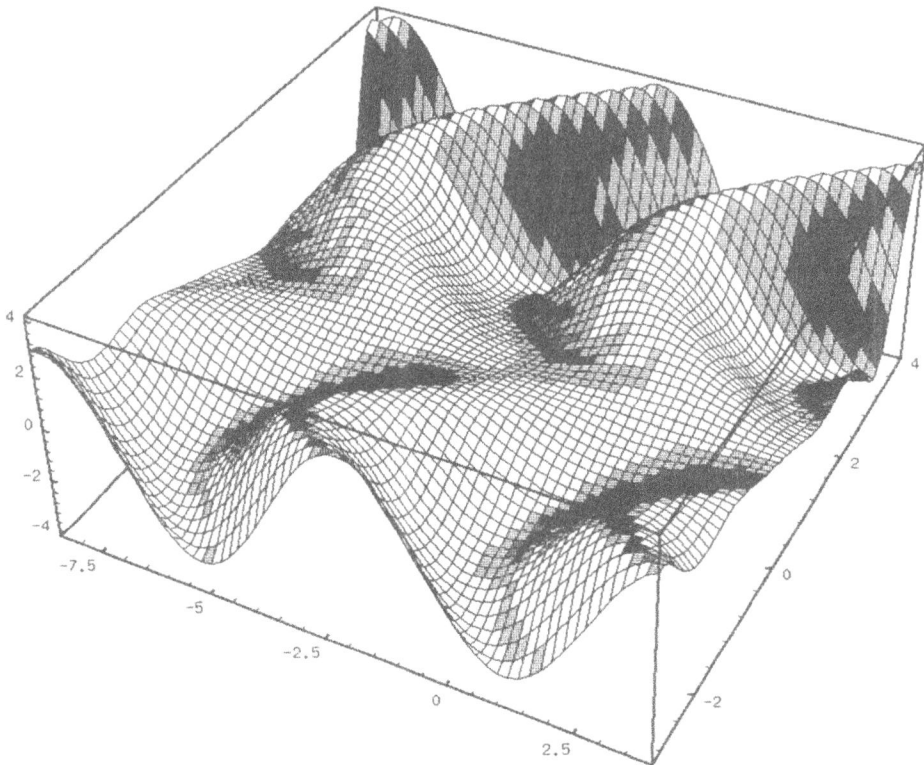

Abb. 1b: Fläche der Funktion z = y · sin (x + (y · sin (y)))

oder Talsohle übergeht. Den Lagepunkt findet man, indem man die partiellen Ableitungen mit Null gleichsetzt, die Matrix der zweiten Ableitungen charakterisiert das Extremum.

Liegt eine Funktion mit n Variablen vor, versagt jede bildliche Vorstellung, jedoch die Rechenverfahren über die partiellen Ableitungen sind identisch. Nullsetzen der n-partiellen ersten Ableitungen führt auf ein Gleichungssystem für den möglichen Lagepunkt eines Extremums.

Für die Klasse der mindestens zweimal stetig-differenzierbaren Funktionen existieren also wohldefinierte Algorithmen zum Auffinden der Maxima und Minima.

Die meisten anwendungsorientierten Optimierungen (z.B. in der Produktion oder im Dienstleistungsbereich) gehören leider nicht in diese Klasse, oder, falls doch, dann sind die entstehenden Gleichungssysteme oft so komplex, daß eine Lösung kaum möglich ist. Dies gilt zum Beispiel für

Anordnung von Schaltkreisen: Minimale Leitungswege
Auslastung von Maschinen: Minimale Belegungszeiten
Stundenpläne: Effektive Blockstrukturen
Lagerhaltung: Minimale Kosten
Geldanlage: Optimale Rendite
Pipelines: Maximale Transportleistung bzw.
    minimale Energietransportkosten.

Die Probleme sind im Normalfall durch n Parameter beschrieben, gesucht sind die speziellen Parameterwerte, für die eine Bewertungsfunktion (Fitneß) ein Maximum oder Minimum annimmt. In den meisten Fällen hat die Fitneß eine Form, die für klassische Verfahren ungeeignet ist (vgl. Abb. 2).

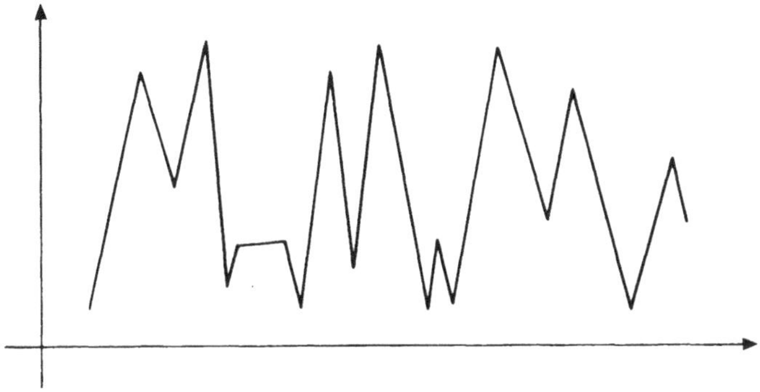

Abb. 2: Eine für klassische Optimierungsverfahren ungeeignete Kurve

Ist $f(\ldots)$ die Bewertungsfunktion und ist ein Minimum gesucht, dann hat $F(\ldots) = - f(\ldots)$ an derselben Stelle ein Maximum, so daß es genügt, das formale Problem sowie den zugehörigen Algorithmus für Maxima zu formulieren.

In den meisten Anwendungsfällen sind Maxima gesucht, allerdings nur, falls die Parameter gewisse Bedingungen (Nebenbedingungen) erfüllen. Liegt mit $f(x,y)$ eine Landschaft vor, so dürfen nur Berge bestiegen werden, die nicht in unerlaubten Gebieten liegen.

In allgemeiner Formulierung geht es also um die Lösung des folgenden Problems:

Gegeben sind endlich oder unendlich viele Zustände. Jeder einzelne Zustand ist durch reellwertige Parameter p_1, p_2, ... p_n definiert. Die Menge aller Zustände heißt Suchraum.

Jedem Zustand ist eine reelle Zahl, die Bewertung des Zustandes, zugeordnet. Die entstehende Funktion heißt Fitneß. Ist F(...) die Fitneß, S der Suchraum und R die Menge der reellen Zahlen, gilt:

$$f : S \Rightarrow R$$

Gesucht ist ein Zustand, für den die Fitneß den maximalen Wert annimmt.

Die hier aufgeführten Zustände seien bereits so ausgewählt, daß sie die Nebenbedingungen – falls existent – erfüllen.

Ist die Fitneß eine ziemlich chaotische Funktion – im Falle der Funktion f(x,y) etwa eine Landschaft mit Steilabhängen, wilden Schluchten und unverhofften Felserhebungen – so erweist sich die Aufgabe der Suche nach dem Maximum möglicherweise als äußerst schwierig. Dabei ist es oft mit vertretbarem Aufwand möglich, kleine Bergspitzen – also lokale Extrema – aufzufinden, aber die Suche nach dem globalen Maximum – und das genau benötigt man in den meisten Anwendungen – ist oft nur unter größten Schwierigkeiten oder auch gar nicht erreichbar.

Zum Schluß sei noch auf mehrkriterielle Optimierungen hingewiesen. Hier liegen mehrere Zielfunktionen vor, die maximale oder minimale Werte annehmen sollen. Als Beispiel: Maximaler Gewinn bei minimaler Leistung.

1.2 Klassische Optimierungsverfahren

Die folgenden Verfahren gehören zu den deterministischen Verfahren und sind daher nicht Gegenstand der Erörterung dieses Buches. Trotzdem seien sie aufgezählt und andiskutiert.

• Extremwertberechnung über Ableitungen

Die Fitneß ist eine zweimal stetig-differenzierbare Funktion. Nullsetzen der ersten Ableitung(en) liefert ein Gleichungssystem bzw. eine Gleichung zur Ermittlung der Lagepunkte der Extrema. Die zweite(n) Ableitung(en) enthalten die Information, ob ein Maximum oder Minimum vorliegt.

● Suchmethoden

Liegen nur endlich viele Zustände vor, kann man möglicherweise durch systematisches Durchsuchen des Suchraumes das Maximum der Fitneß finden. In den meisten Fällen scheitert allerdings dieses Verfahren, da – obwohl endlich viele Zustände – das Durchmustern aller Möglichkeiten zu einer kombinatorischen Explosion führt, welches die Rechnerkapazität sprengt.

● Gradientenmethode (Methode des steilsten Anstiegs)

Die Fitneß-Funktion muß differenzierbar sein. Da der Gradient einer Funktion als Vektor die Richtung des steilsten Anstiegs angibt, kann man in einem Iterationsverfahren – von einem Startpunkt ausgehend – einen neuen Punkt suchen, so daß die vektorielle Differenz zwischen den Punkten die Richtung des Gradienten besitzt. Das Iterationsverfahren konvergiert gegen das nächstgelegene lokale Maximum.

● Simplexmethode

Ist die Fitneß-Funktion (Zielfunktion) linear und liegen lineare Nebenbedingungen vor, bildet der Suchraum (die Menge der zulässigen Punkte) einen n-dimensionalen Simplex (n = 2: ein Vieleck). Einer der Eckpunkte ist der Lagepunkt des Maximums. Das Simplexverfahren ermöglicht unter Einsatz des Austauschverfahrens das systematische Absuchen der Eckpunkte auf Optimalität.

Wie bereits erwähnt, lösen die klassischen Verfahren nur einen sehr begrenzten Teil der aus den Anwendungen resultierenden Optimierungsaufgaben. In den wenigsten Fällen sind die Fitneßfunktionen differenzierbar oder gar linear, oft sind sie so komplex – wie etwa bei dem Stundenplanproblem –, daß absolut kein Ansatz für eine algorithmisch-deterministische Lösung existiert.

Beispiele in der Produktion sind u.a.: optimale Maschinenauslegung, kostengünstige Lagerhaltung, zeiteffektive Personal- oder Materialplanung.

Betrachtet man diesen Bereich genauer, so lassen sich bei der betrieblichen Durchführung verschiedene Realisierungsphasen ausmachen:

Stufe 1: Man verfährt nach eingespielten Regeln, die sich bewährt haben, aber in keiner Weise Optimalität garantieren (Stichwort: "Das haben wir schon immer so gemacht").

Stufe 2: Neben den Hilfsmitteln der Stufe 1 benutzt man zusätzlich Listen und ausgearbeitete Strukturpläne.

Stufe 3: Statt der Listen benutzt man Datenbanken.

Stufe 4: Rechnergestützte Optimierungen bilden die Basis für Realisierungen. Dies garantiert optimale Durchführung.

17

Im letzteren Fall bleiben meist nur Simulationsansätze auf probabilistischer Basis. Statt der analytischen Vorgabe, die ein deterministisches Vorgehen erlaubt, dabei aber die Anwendungen einschränkt, wird die Potenz von Rechnern eingesetzt, die letztlich unter der Kontrolle von der Evolution abgeschauten Regeln so lange "herumprobieren", bis ein Maximum gefunden wurde. Unter diesem Aspekt wurden in den letzten drei Jahrzehnten äußerst leistungsfähige Verfahren entwickelt.

Die wichtigsten dieser Verfahren sind:

- Selektionsverfahren, darunter
  Threshold Accepting
  Sintflut-Methode
  Simulated Annealing

- Genetische Algorithmen

- Evolutionsstrategien

- Genetische Programmierung

In den folgenden Abschnitten werden diese Verfahren beschrieben und an Beispielen erläutert.

2. Das Mutations-Selektions-Verfahren

Die einfachste Form eines an evolutionären Prinzipien orientierten Verfahrens ist die von I. Rechenberg ([Rec73]) vorgeschlagene und später von anderen weiterentwickelte Methode der Mutations-Selektionsstrategie (creeping random search method). Im Wesentlichen handelt es sich um die zufällige Veränderung von Systemparametern solange, bis eine Ziel- oder Kostenfunktion ein Minimum oder Maximum annimmt.

2.1 Ein einführendes Beispiel

Wir stellen uns die Aufgabe, das folgende nichtlineare Gleichungssystem zu lösen:

$$x^2 + y^2 = 13$$

$$x^3 - y^3 = -19$$

Offenbar ist das Wertepaar (x,y) eine gute Lösung, wenn die Ausdrücke

$$(x^2 + y^2 - 13)^2 \text{ und } (x^3 - y^3 + 19)^2$$

möglichst klein sind. Daher gilt: Je kleiner die Funktion

$$F(x,y) = (x^2 + y^2 - 13)^2 + (x^3 - y^3 + 19)^2$$

ist, umso besser ist der Lösungsvektor (x,y). Ist $F = 0$, haben wir die exakte Lösung. Diese Aussage läßt sich auch so formulieren:

Der Lösungsvektor $(x,y)'$ des Gleichungssystems ist der, für den $F(x,y)$ ein Minimum annimmt. Dieses Minimum hat den Wert 0.

Das Wertepaar (x,y) können wir als Punkt im Koordinatensystem auffassen. Wir suchen den Punkt, für den $F(x,y)$ minimal wird.

Als erstes wählen wir einen beliebigen Startpunkt (x_o, y_o) und berechnen für diesen Punkt $F(x_o, y_o)$. Danach verändern wir die Koordinaten x_o, y_o leicht, indem wir (über Zufallszahlen) kleine Inkremente $\alpha 1$, $\alpha 2$ addieren:

$$x1 = x_o + \alpha 1$$

$$y1 = y_o + \alpha 2$$

Diese Veränderung des Punktes (xo, yo) bezeichnen wir als Mutation. Den neuen Punkt (x1,y1) testen wir durch die Ungleichung:

F(x1,y1) < F(xo,yo)

Ist sie erfüllt, ist (x1,y1) ein besserer Punkt als (xo,yo) und wir ersetzen (xo,yo) durch (x1,y1). Im anderen Fall vergessen wir ihn.

Wenn wir dieses Verfahren für das Auffinden neuer Punkte iterativ fortsetzen, erhalten wir eine Punktefolge, für die F (x,y) fortlaufend kleiner wird. Wir nähern uns mit den Punkten dem Minimum von F (x,y) und damit der Lösung des Gleichungssystems.

Die Abbildung 3 zeigt die Rechenergebnisse. Der Startpunkt der Rechnung war xo = 0, yo = 0. Die Mutationen erfolgten nach der Regel:

x1 = x0 + z1 · 0,4

y1 = y0 + z2 · 0,4

wobei z1 und z2 Zufallszahlen waren mit

− 0,5 ≤ z1 ≤ 0,5

− 0,5 ≤ z2 ≤ 0,5

Zunächst war F(xo,yo) = 530. Wie man sieht, wird F mit fortschreitender Iteration kleiner, nach 26 830 Rechenschritten war die Fehlerfunktion F = 0,0003, die Ergebnisse also schon sehr genau. Offenbar erhält man x = −3 und y = −2 als Lösung des Gleichungssystems.

Iteration	x	y	F(x,y)
0	0,00000	0,00000	530,00000
1	−0,11800	−0,02223	529,56329
40	−1,81791	−0,35067	261,54818
65	−2,40523	−0,76204	74,56990
100	−2,83527	−1,19808	16,72599
113	−2,85969	−1,70498	3,99302
420	−3,00493	−2,02101	0,02775
2897	−3,00151	−2,00846	0,00559
5258	−3,00255	−2,00553	0,00141
15448	−2,99785	−1,99612	0,00094
17163	−2,99947	−1,99981	0,00016
26835	−3,00017	−2,00067	0,00003

Abb. 3: Rechenergebnisse zur Lösung eines Gleichungssystems

Beginnt man mit dem Startpunkt xo = 1, yo = 1, liefert das Programm eine weitere Lösung des Systems, nämlich x = 2, y = 3. Startet man schließlich mit xo = 1, yo = −1, verhält sich der Iterationsprozeß instabil, die Funktion nähert sich nicht dem Wert 0. Dies ist so zu erklären, daß die Fehlerfunktion F einem lokalen Minimum zustrebt, welches nicht dem gewünschten Wert F = 0 entspricht.

2.2 Das Verfahren

Die oben beschriebene Methode läßt sich so charakterisieren:

Gegeben ist eine Menge von Punkten (x,y). Von diesen Punkten suchen wir denjenigen, für den F (x,y) minimal wird. Da F (x,y) genau dann minimal ist, wenn −F (x,y) maximal ist, können wir uns auf die Suche nach Maxima beschränken.

Also formulieren wir das Problem neu:

Gegeben ist eine Menge M, bestehend aus Vektoren. Gesucht ist der Vektor, für den eine vorgegebene Funktion F, definiert auf M, ein Maximum annimmt.

Die meisten Optimierungsaufgaben lassen sich in dieser Form ausdrücken. Oft sind noch zusätzliche Nebenbedingungen für die Vektoren einzuhalten.

Das Lösungsverfahren genügt der folgenden Grundregel:

Man gehe aus von einem Startvektor v und verändere diesen mit Hilfe von Zufallszahlen. Ist die zu maximierende Funktion F für den neuen Vektor größer, ersetze man v durch diesen, andernfalls vergesse man ihn. Dies wiederhole man mehrfach.

Dies ist die einfachste Form des Mutations-Selektions-Verfahrens.

Sind die Vektoren zweidimensional, läßt sich der Verlauf des Verfahrens bildlich nachvollziehen. In diesem Fall ist nämlich F (x,y) als eine Fläche über einer x-y-Ebene in einem dreidimensionalen Koordinatensystem beschreibbar. Diese Fläche ist wie eine Landschaft im Raum charakterisiert durch lokale Maxima und Minima, also durch kleine und große Berge und Täler. Starten wir bei dem Punkt (xo,yo), beginnen wir eine Reise in dieser Landschaft, bei der wir unbedingt den nächsten Berg erklimmen wollen, denn die nächste Bergspitze entspricht einem Maximum. Es ist so, als würde ein Blinder einen Schritt in eine beliebige Richtung tun. Wenn es dabei bergab geht, nimmt er den Schritt zurück, andernfalls läßt er ihn. Es ist klar, daß man mit diesem Verfahren irgendwann die nächste Bergspitze erreicht.

Allerdings besteigt man stets den Berg, an dessen Abhang man sich gerade befindet. Und dieses kann, wenn man Pech hat, nur ein kleiner Hügel sein, während man ja eigentlich den höchsten Berg – sprich: das absolute Maximum – erklimmen möchte. In diesem Fall hat man vielleicht eine Näherungslösung, aber nicht die Lösung, die man eigentlich berechnen wollte.
Auf diesen Nachteil obigen Verfahrens kommen wir später zurück.

Obwohl man mit dem beschriebenen Verfahren oft nur lokale und nicht absolute Maxima anstrebt, findet man genügend Anwendungen. Der Grund:

- Für viele nichtlineare Probleme existieren keine alternativen Lösungsansätze.

- Die Codierung des Verfahrens ist unkompliziert und einfach (letztlich nur eine Programmschleife).

Bevor wir uns Anwendungsbeispielen zuwenden, sei der Algorithmus ausführlich formuliert. Der erste, der obiges Verfahren für spezielle Anwendungen bereits 1973 untersuchte, war I. Rechenberg ([RE73]). Er nannte es in Anlehnung an das biologische Vorbild der Evolution die "Mutations-Selektions-Strategie".

Das Problem:
Es sei M eine Menge von n-dimensionalen Vektoren mit reellen oder ganzzahligen Koordinaten. Es sei F eine Funktion, die M in die Menge der reellen Zahlen (R) überführt, also

$F : M \rightarrow R$ (Fitneß-Funktion).

Gesucht ist $x \, \varepsilon \, M$, so daß $F(x)$ maximal ist.

$F(x)$ heißt Fitneß-Funktion und x ein Chromosom.

Grundlage des Verfahrens ist die schrittweise Veränderung des Chromosoms x und die Konstatierung, ob die Fitneß $F(x)$ sich bei dieser Veränderung vergrößert oder verkleinert. Diese auf Zufallsprozessen basierende Veränderung nennen wir Mutation.

Die Mutation kann verschiedenartig durchgeführt werden. Man kann z.B. alle Koordinaten von x gleichzeitig verändern oder nur eine Koordinate. Darüberhinaus kann die Veränderung von einer Wahrscheinlichkeitsverteilung abhängig sein.

22

Wir definieren:

Mutation 1:   x ε M enthält reelle Koordinaten.
              Verändere alle Koordinaten von x um einen kleinen Wert.

Mutation 2:   x ε M enthält reelle Koordinaten.
              Verändere nur eine Koordinate um einen kleinen Wert.

Mutation 3:   x ε M enthält ganzzahlige oder reelle Koordinaten.
              Jede Koordinate wird um r verändert, wobei r aus einer
              Wahrscheinlichkeitsverteilung ermittelt wird.

Rechenberg wies darauf hin, daß die Veränderungen der Mutation nicht zu groß sein sollten, um ein Hinausschießen über das Ziel des Maximalpunktes zu verhindern. Als eine günstige Methode empfahl er, die Veränderungen über eine n-dimensionale Gaußverteilung zu berechnen (vgl. Mutation 3). Bei numerischen Rechnungen, die sehr genaue Ergebnisse erzielen sollen, empfiehlt es sich, die Veränderungen stetig zu verkleinern, je mehr man sich dem Ziel nähert, da man sonst über eine gewisse Genauigkeit nicht hinaus kommt.

Eine günstige Methode zur Mutation ist die folgende: Man verändere die zu mutierende Größe x zu

$$x' = x + z \cdot d,$$

wobei z eine Zufallszahl z ist mit $-1 \leq z = 1$ und d eine Zahl (z.B. 0.5). Die Zahl d wird während der Rechnung laufend verkleinert. Jedesmal, wenn der Rechner eine Verbesserung der Fitneß erreicht, gebe man die neue Fitneß auf dem Bildschirm aus. Wenn über längere Zeit keine neuen Zahlen am Bildschirm erscheinen, waren alle Mutationen zu grob, der Algorithmus "schießt über das Ziel hinaus". Durch Tastendruck (keypressed) kann dann das Programm angehalten werden und eine kleinere Zahl d eingegeben werden, mit der dann die Rechnung fortgesetzt wird.

Der Algorithmus des Mutations-Selektions-Verfahrens läßt sich so darstellen:

Algorithmus: Mutations-Selektions-Verfahren

[1]   Wähle ein Anfangschromosom xεM.

[2]   Verändere das Chromosom x durch eine Mutation.

[3]   Falls die Fitneß des neuen Chromosoms sich verbessert hat, ersetze das alte Chromosom durch das neue.

[4]   Fahre fort bei [2], falls das Abbruchkriterium nicht erfüllt ist.

Für die Wahl des Abbruchkriteriums bieten sich mehrere Möglichkeiten. Ist der optimale Fitneß-Wert bekannt (wie in dem Beispiel des Abschnitts 2.1), sollte der Abbruch erfolgen, wenn die Näherungswerte für die Fitneß diesen Wert bis auf eine vorgegebene Genauigkeit erreicht haben. Ist die Soll-Fitneß nicht bekannt, kann man die Iterationen stoppen, wenn keine wesentlichen Veränderungen der Fitneß mehr erreichbar sind oder wenn die Zahl der Iterationen eine Maximalzahl überschreitet.

2.3 Nebenbedingungen

Hat man einen Quader mit den Kantenlängen a, b, c, so kann man nach den Ausmessungen fragen, für die das Volumen maximal ist, also V = a·b·c = max. Im allgemeinen hat man dabei Nebenbedingungen zu beachten wie z.B.: die Oberfläche soll konstant 20 sein. Weitere Nebenbedingungen sind $a \geq 0$, $b \geq 0$, $c \geq 0$.

Bei der Ermittlung eines optimalen Stundenplanes existieren Nebenbedingungen wie: Das Fach Physik darf nur im Physiksaal stattfinden, Frau Müller hat montags frei usw. (vgl. Abschnitt 2.6.2). Bei der optimalen Lagerhaltung sind die Produktionspläne zu beachten (vgl. Abschnitt 2.6.1) usw.

Die Existenz von Nebenbedingungen bedeutet für das Verfahren, daß bei der Mutation nur Chromosomen neu entstehen dürfen, die diesen Nebenbedingungen genügen, es muß also nach jeder Mutation das neue Element auf Einhaltung der Nebenbedingungen geprüft werden. Wenn wir das Bild des Wanderers in der Landschaft uns vor Augen führen, bei dem der Wanderer den nächsten Berg (Maximum) erklimmen möchte, existieren für ihn Sperrgebiete, die er umwandern muß.

Dies führt auf den modifizierten Algorithmus:

Algorithmus: Mutations-Selektions-Verfahren für Probleme mit Nebenbedingungen

[1] Wähle ein Anfangschromosom $x \varepsilon M$, welches alle Nebenbedingungen erfüllt.

[2] Verändere das Chromosom x zu x' (Mutation).

[3] Prüfe, ob x' alle Nebenbedingungen erfüllt. Falls nicht, fahre fort bei [2].

[4] Falls die Fitneß des neuen Chromosoms sich verbessert hat, ersetze das alte Chromosom durch das neue.

[5] Fahre fort bei [2], falls das Abbruchkriterium nicht erfüllt ist.

24

Es gibt Anwendungen, bei denen ist die Zahl der Nebenbedingungen so groß, daß wenig Raum für erlaubte Mutationen bleibt. Der Wanderer im Extremal-Gebirge findet wegen der großen Zahl der Sperrgebiete Sackgassen und Labyrinthe vor, in denen er sich bewegen muß. Ein typisches Beispiel dafür in der Praxis ist die Stundenplanerstellung.

In diesem Fall sollte man statt des obigen Algorithmus eine andere Strategie fahren: Wir lassen grundsätzlich alle Chromosomen zu, kümmern uns also nicht um Nebenbedingungen. Um die verbotenen Vektoren dennoch auszuschließen, subtrahieren wir für jeden verbotenen Punkt x einen von der Art der Nebenbedingung abhängigen Zahlenwert von der Fitneß F(x). Die Fitneß eines nicht zugelassenen Punktes x ist also statt F(x) der Wert F(x) − r. Wenn r > 0 groß genug ist, wird der Punkt x früher oder später ausgeschieden, da wir ja nur Punkte mit hoher Fitneß suchen.

2.4 Anwendungen in der Mathematik

2.4.1 Extremwertberechnung

Zur Berechnung der Extrema einer Funktion benutzt man das altbekannte Verfahren der Differentiation und der Gleichsetzung mit Null für die ersten Ableitungen. Ist jedoch die Funktion nicht differenzierbar, benötigt man andere Methoden.

Wir lösen die folgende Aufgabe:

Gesucht ist ein Extremum der Funktion

[2.1] $u(x,y) = |(y-x) \cdot x - 2| + y^2 - y$

Für große x oder y wird u(x,y) beliebig groß, so daß mindestens ein Minimum existieren muß.

Wir ermitteln einen Minimalpunkt mit Hilfe des Mutations-Selektions-Verfahrens, indem wir für die Fitneß-Funktion setzen:

F(x,y) = − u(x,y).

Die Chromosomen sind zweidimensionale Vektoren. Für die Mutationen wählen wir die Veränderungen $(x, y) \Rightarrow (x',y')$ mit

[2.2a] $x' = x + (r1 - 0,5) \cdot d$

[2.2b] $y' = y + (r2 - 0,5) \cdot d$

Hier wurde d = 0,05 gewählt und r1, r2 sind Zufallszahlen zwischen 0 und 1.

Die Rechnung lieferte die Werte der Abbildung 4 für den Startvektor
x = 1, y = 1.

Iteration	F(x,y)	x	v
1	−1,992	0,981	0,987
68	−1,237	1,141	0,667
101	−0,711	1,305	0,508
209	−0,241	1,639	0,418
1012	0,249	1,692	0,511
3914	0,250	1,683	0,494

Abb. 4: Zwischenergebnisse für das Mutations-Selektions-Verfahren
zum Auffinden des Minimums der Gleichung [2.1]. Es sind nur einige
Iterationen aufgeführt. Der Abbruch erfolgte, als keine Verbesserungen
der Fitneß mehr zu erzielen waren.

Offenbar liegt bei x = 1,683, y = 0,494 ein Minimum, wo die Funktion
u(x,y) den Wert 0,25 annimmt. Will man eine höhere Genauigkeit, also
eine höhere Stellenzahl hinter dem Komma, muß man die Zahl d in den
Gleichungen [2.2a],[2.2b] verkleinern, denn sonst pendelt der Suchvek-
tor um den Zielpunkt herum, ohne ihn genau zu treffen. Das der Abbildung 4 zugrundeliegende Pascal-Programm wurde dahingehend abge-
ändert, daß nach je 1000 Iterationen d halbiert wurde. Nach 15 000 Iterationen ergaben sich die Werte

x = 1,685941   y = 0,499669   F = 0,2499999

2.4.2 Nullstellenberechnung

Zur Nullstellenberechnung von Funktionen existieren eine Fülle von
Verfahren der numerischen Mathematik. Diese Verfahren sind teilweise
sehr rechenintensiv.

Als Beispiel betrachten wir das Polynom

[2.3] $y = x^4 - 7 \cdot x^3 + 8 \cdot x^2 - 2 \cdot x + 1$

Zur Nullstellenberechnung ermittelt man üblicherweise eine erste Nullstelle über das Newton- oder Sekantenverfahren. Diese ist dann durch
Polynomdivision abzuspalten, um wiederum über Newton- oder Sekantenverfahren eine weitere Nullstelle zu bestimmen usw. Der Rechenaufwand (und auch der Programmieraufwand) ist nicht unerheblich.

Der Einsatz des Mutations-Selektions-Verfahrens erfordert – verglichen
mit dem obigem Verfahren – äußerst wenig Aufwand, der Algorithmus
ist schnell programmiert.

Ist $y = f(x)$ das Polynom, dann wählen wir für die Fitneß-Funktion

$$F(x) = -f(x)^2$$

Offenbar liegen die Nullstellen von $f(x)$ genau dort, wo $F(x)$ ein globales Maximum mit $F(x) = 0$ annimmt.

Das in Abbildung 6 gelistete Turbo Pascal Programm liefert für verschiedene Startwerte x0 die zugehörigen Extremwerte für $F(x)$ und damit die Nullstellen. Für Startwerte, die zwischen 0,7 und 4,3 liegen, konvergiert die Folge der x-Werte gegen x = 1,2155. Das $F(1,2155) = 0$, ist die Fitneß maximal und 1,2155 ist eine Nullstelle. Für Startwerte zwischen 4,3 und ∞ liefert der Algorithmus 5,638500 als weitere Nullstelle. Wählt man schließlich Startwerte kleiner als 0,7, wird die Fitneß nicht kleiner als 0,7339. Dies bedeutet, daß in diesem Bereich keine reelle Nullstelle vorhanden ist. Die Zahlenwerte sind in Abbildung 5 dargestellt.

Startwerte s mit	x	F(x)	Deutung
™∞ < s ≤ 0,7	0,733950	0,156717	Rel. Maximum
0,7 < s ≤ 4,3	1,215561	0,000000	Nullstelle
4,3 < s < ∞	5,638500	0,000000	Nullstelle

Abb. 5: Rechenergebnisse des Programms der Abb. 6

Offenbar existieren nur zwei reelle Nullstellen. Daraus resultiert, daß die restlichen Nullstellen komplex sein müssen.

```
{ Mutations-Selektions-Verfahren zur Nullstellenberech-
nung}
  program msv;
  uses crt;
  var zaehler: integer;
  var s, sn: real;
  {----------------------------------------------------}
  function mutation (s: real):real;
  var h: real;
  begin
    h:=random;
    s:=s+(h-0,5)*0,05;
    mutation:=s;
  end;
  {----------------------------------------------------}
```

```
function F (x: real):real;
var h: real;
begin
 h := x*x*x*x-7*x*x*x+8*x*x*x-2*x+1;
 F :=-h*h;
end;
{------------------------------------------------------}
begin
  clrscr;
  randomize;
  zaehler:=0;
  write('Startwert: ');
  readln(s);
  repeat
    zaehler:=zaehler+1;
    sn:=mutation (s);
    if F(sn)<F(s) then
    begin
      s:=sn;
      writeln(zaehler,'  F= ',F (sn):9:6,' x=', s:9:6);
    end;
  until keypressed;
  readln;
  readln;
end.
{------------------------------------------------------}
```

Abb. 6: Turbo-Pascal-Programm zur Nullstellenberechnung für die Gleichung [2.3]

2.4.3 Die Lösung von Differentialgleichungen

In Bereich der Theorie der Differentialgleichungen lassen sich sowohl Anfangswertprobleme als auch Randwertprobleme lösen. Als Beispiel betrachten wir das Randwertproblem

$$(y - x) \cdot y'' + \sin^2(x) = 0$$

$$y(0) = 0$$

$$y(1) = 1,841471$$

$$0 \leq x \leq 1$$

Wir wählen für die Lösung den Polynomansatz

$$y(x) = a_0 + a_1 \cdot x + a_2 \cdot x^2 + a_3 \cdot x^3 + \ldots + a_n \cdot x^n$$

Wegen $y(0) = 0$ empfiehlt es sich, $a_0 = 0$ zu setzen. Für $n = 4$ erhalten wir dann den speziellen Ansatz:

$$y(x) = a \cdot x + b \cdot x^2 + c \cdot x^3 + d \cdot x^4$$

mit unbestimmten Konstanten a, b, c, d.

Damit auch die zweite Randbedingung erfüllt ist, fordern wir

$$y(1) = a + b + c + d = 1{,}841471$$

Dies führt zu

$$a = 1{,}841471 - b - c - d$$

und der Ansatz lautet

[2.4] $y(x) = (1{,}841471 - b - c - d) \cdot x + b \cdot x^2 + c \cdot x^3 + d \cdot x^4$

Diese Funktion erfüllt exakt die Randbedingungen. Die Konstanten b, c und d sind so zu bestimmen, daß der Ansatz einer Lösung der Differentialgleichung möglichst nahe kommt. Dies führt zu einer Optimierungsaufgabe.

Wir definieren die Fitneßfunktion über die Summe

$$F(b,c,d) = -\sum_j \{ [y(j \cdot h) - j \cdot h)] \cdot y''(j \cdot h) + \sin^2(j \cdot h) \}^2$$

Hier ist h eine Schrittweite und der Laufindex j läuft von 0 bis 1/h. Die Funktionswerte $y(j \cdot h)$ berechnen wir über die Gleichung [2.4] und $y''(j \cdot h)$ erhält man durch

$$y''(x) = 2 \cdot b + 6 \cdot c \cdot x + 12 \cdot d \cdot x^2$$

Für eine Lösung der Differentialgleichung wäre $F(b, c, d) = 0$, ansonsten ist $F(b, c, d) < 0$. Je größer F ist, desto besser ist die Näherungslösung.

In einem Programm wurde für die zu suchenden Konstanten b, c, d je der Startwert 1 eingegeben. Eine Mutation bestand in der Veränderung aller drei Konstanten. Ist k eine Konstante, wurde k zu k' verändert mit

$$k' = k + z \cdot d$$

wobei z eine Zufallszahl z war mit $-1 \leq z \leq 1$ und $d = 0{,}8$. Die Zahl d wurde während der Rechnung laufend verkleinert. Jedesmal, wenn der Rechner eine Verbesserung der Konstanten erreichte, indem $F(b, c, d)$ größer wurde, wurde die Fitneß ausgegeben. Wenn keine neuen Zahlen am Bildschirm erschienen, war die Mutation zu grob, der Algorithmus "schoß über das Ziel hinaus". Durch Tastendruck (keypressed) konnte

dann das Programm angehalten werden und eine neue Zahl d eingegeben werden, mit der dann die Rechnung fortgesetzt wurde.

Die exakte Lösung des Randwertproblems ist bekannt, so daß eine Feh-
lerberechnung möglich ist (exakte Lösung: y = x + sin(x)). Bei der
Schrittweite h = 0,1 wurde eine Genauigkeit erreicht, bei der der maximale Fehler (exakte Lösung minus Näherung) 0,000073 war.

Einige Zwischenergebnisse während der Iterationen sind in Abbildung 7
wiedergegeben. Wie man sieht, geht die Fitneß bei 5284 Mutationen auf
0,00001. Mit Hilfe der Formel [2.4] erhalten wir die Näherungslösung

$$y = 1,998121 \cdot x + 0,01153 \cdot x^2 - 0,19202 \cdot x^3 + 0,02384 \cdot x^4$$

In Abbildung 8 sind exakte Lösungswerte und Näherungswerte sowie
die Fehler gelistet. Man sieht, daß eine hohe Genauigkeit erreicht wurde.

Ein Vergleich mit dem konkurrierenden Differenzenverfahren zur Lösung der Randwertaufgabe zeigt die Überlegenheit der Mutations-Selektions-Methode. Beim Differenzenverfahren würde man die zweite
Ableitung durch den Differenzenquotienten ersetzen. Dieser ist aber in
der Genauigkeit von der Konsistenz-Ordnung $O(h^2)$ abhängig. Dies
führt auf eine Verfahrensgenauigkeit von $O(h)$, also gilt für die Fehler-
abschätzung:

$$| y_i - y(x_i) | \leq C \cdot h$$

wenn y_i eine Näherung für $y(x_i)$ und h die Schrittweite ist.
Abbildung 7 zeigt, daß beim Mutationsverfahren der Fehler maximal
0,00007 ist, was einer Genauigkeit von $O(h^4)$ entspricht.

Mutation Nr.	Fitneß	b	c	d
2	362,93210	1,07535	0,97217	0,86583
28	79,98247	0,66734	1,01578	0,04457
93	2,33821	0,45677	0,68810	−0,53855
167	0,46396	0,08525	0,11970	−0,14156
270	0,00692	−0,12760	−0,01420	−0,04702
1238	0,00099	−0,06672	−0,11206	−0,00397
1986	0,00014	−0,01546	−0,16334	−0,01363
2740	0,00006	−0,00471	−0,17545	0,01810
3901	0,00002	0,00478	−0,18490	0,02129
4780	0,00001	0,01013	−0,19054	0,02328
5284	0,00001	0,01153	−0,19202	0,02384

Abb. 7: Einige Zwischenergebnisse zur Lösung der Differentialgleichung

x	exakte Lösung	Näherung	Fehler
0,0	0,000000	0,000000	0,000000
0,1	0,199743	0,199833	–0,000089
0,2	0,398596	0,398669	–0,000072
0,3	0,595492	0,595520	–0,000027
0,4	0,789423	0,789418	0,000005
0,5	0,979437	0,979425	0,000012
0,6	1,164642	1,164642	–0,000000
0,7	1,344199	1,344217	–0,000018
0,8	1,517328	1,517356	–0,000027
0,9	1,683307	1,683326	–0,000019
1,0	1,841471	1,841471	0,000000

Abb. 8: Vergleich der durch Mutationen erhaltenen Näherungslösung mit der exakten Lösung y = x + sin(x)

Hinzu kommt, daß beim Differenzenverfahren ein nichtlineares Gleichungssystem von der Größenordnung 10x10 zu lösen wäre, was wegen der Nichtlinearität problematisch ist.

Das Mutations-Selektions-Verfahren ist daher in diesem Fall sowohl in der Genauigkeit als auch im Programmieraufwand dem Differenzenverfahren überlegen.

2.4.4 Gleichungssysteme

Wie bereits eingangs gezeigt, lassen sich mit der Mutations-Selektions-Methode Gleichungssysteme lösen. Diese dürfen auch nichtlinear sein.

Daß die Methode auch für größere Systeme einsetzbar ist, zeigt das folgende Beispiel:

Wir betrachten die Matrix

$$
M = \begin{pmatrix}
2 & 1 & 0 & 0 & 0 & \cdot & \cdot & \cdot & \cdot & \cdot & 0 \\
1 & 2 & 1 & 0 & 0 & \cdot & \cdot & \cdot & \cdot & \cdot & 0 \\
0 & 1 & 2 & 1 & 0 & \cdot & \cdot & \cdot & \cdot & \cdot & 0 \\
0 & 0 & 1 & 2 & 1 & \cdot & \cdot & \cdot & \cdot & \cdot & 0 \\
0 & 0 & 0 & 1 & 2 & \cdot & \cdot & \cdot & \cdot & \cdot & 0 \\
\cdot & \cdot & \cdot & \cdot & \cdot & & & & \cdot & \cdot & \cdot \\
0 & \cdot & \cdot & \cdot & \cdot & \cdot & \cdot & \cdot & 1 & 2 & 1 \\
0 & \cdot & \cdot & \cdot & \cdot & \cdot & \cdot & \cdot & 0 & 1 & 2
\end{pmatrix}.
$$

Die Matrix besitzt die Zahl 2 in der Hauptdiagonalen und 1 in beiden Nebendiagonalen. Sie sei von der Dimension 40x40.

Zusammen mit dem Vektor

$$r = \begin{pmatrix} 1 \\ \cdot \\ \cdot \\ 1 \end{pmatrix} \quad (40 \text{ dimensional})$$

haben wir das Gleichungssystem

$$M \cdot x = r$$

wobei x ein Vektor mit den Unbekannten ist von der Dimension 40. Wir haben also 40 Gleichungen mit 40 Unbekannten.

Zur Lösung mit der Mutationsmethode definieren wir die Fitneßfunktion:

$$F(x) = -\left\{ \sum_i \left| \sum_j m_{ij} \cdot x_j - r_i \right| \right\}/40$$

wobei m_{ij} die Matrixelemente und x_j sowie r_i die Vektorkoordinaten von x und r sind. Offenbar haben wir die exakte Lösung, wenn $F(x) = 0$. Ansonsten ist $F(x) < 0$, je größer F ist, um so besser ist die Lösung.

In einem Programmlauf konnte nach 22 000 Mutationen ein Fitneßwert von –0,027 erreicht werden. Dies entspricht einem mittleren absoluten Fehler 0,007 für die unbekannten Variablen.

2.5 Optimierungen

2.5.1 Lineare Optimierung

Jeder, der sich mit linearer Optimierung beschäftigt, kennt die typischen Standardaufgaben wie "Eine Maschine produziert zwei Produkte A und B. Wenn die Herstellungskosten gegeben sind und die Maschine 8 Stunden am Tag arbeitet, soll der Gewinn maximal sein...".

Bekanntlich ist eine Lösung grafisch möglich, wenn nur zwei Variablen (Produkte) vorhanden sind. Hat man mehr Variablen, benutzt man das Simplexverfahren.

Das Simplexverfahren ist äußerst rechenintensiv, wenn die Zahl der Variablen hoch ist. (Bereits bei vier Variablen mit vier Nebenbedingungen sind 70 Austauschschritte notwendig.) Allerdings ist das Verfahren sicher und findet stets die optimale Lösung.

Das Mutations-Selektions-Verfahren ist nicht unproblematisch. Die optimalen Punkte liegen bekanntlich in den Eckpunkten des zulässigen Bereiches. Nähert man sich einem solchen Eckpunkt, sind nur wenige der durch Mutation ermittelten Punkte im zulässigen Bereich. Ist zum Beispiel das zulässige Gebiet zweidimensional (zwei Variablen) und beträgt der Eckwinkel 90 Grad, ist nur jeder vierte Punkt zulässig, die anderen sind zu verwerfen. Befinden wir uns im n-dimensionalen Raum bei gleichen Winkelvorgaben, ist nur der

$1/2^n$ te

Teil der Punkte zulässig. Die Wahrscheinlichkeit, durch Mutation aus einem den Restriktionen genügenden Punkt einen weiteren zu finden, wird also bei hohem n beliebig klein.

Trotzdem wird ein Praktiker, der für wenige Variablen ein lineares Problem optimieren muß und keine Standardsoftware zum Simplexverfahren zur Verfügung hat, möglicherweise das Selektionsverfahren vorziehen, da der Programmieraufwand – verglichen mit dem Simplexverfahren – geradezu trivial ist.

Dies sei an dem folgenden kleinen Beispiel demonstriert:

Eine Produktionsanlage produziere vier verschiedene Produkttypen:

Typ A: 2000 Stück pro Stunde,
Typ B: 1500 Stück pro Stunde,
Typ C: 1000 Stück pro Stunde,
Typ D: 1200 Stück pro Stunde.

Der Einsatz der Anlage sei 16 Stunden täglich. Dabei sind höchstens 7000 Produkte vom Typ A, mindestens 4000 vom Typ B und mindestens so viel Produkte vom Typ D zu produzieren, wie Produkte vom Typ B erzeugt werden.

Wieviel Stunden ist die Anlage für jeden Produkttyp einzusetzen, wenn die Gesamtmenge der zu produzierenden Produkteinheiten maximal sein soll?

Wir stellen für die obige Aufgabe zunächst die Zielfunktion sowie die Restriktionen zusammen. Es sei:

a: Zeiteinsatz der Anlage für Produkt A (pro Tag),
b: Zeiteinsatz der Anlage für Produkt B (pro Tag),
c: Zeiteinsatz der Anlage für Produkt C (pro Tag),
d: Zeiteinsatz der Anlage für Produkt D (pro Tag).

Die Anlage produziert täglich

[2.5] $z = 2000 \cdot a + 1500 \cdot b + 1000 \cdot c + 1200 \cdot d$

Produkte. Da die Zahl der Produkte maximal sein soll, ist der Ausdruck [2.5] die Zielfunktion bzw. die Fitneß.

Die Anlage arbeitet höchstens 16 Stunden pro Tag, also ist:

[2.6] $a + b + c + d \leq 16$

Da mindestens 4000 Produkte B zu erzeugen sind, ist

[2.7] $1500 \cdot b \geq 4000$

Schließlich soll die Zahl der Produkte von D mindestens gleich der Zahl der Produkte von B sein, also

[2.8] $1200 \cdot d \geq 1500 \cdot b$

Des weiteren muß gelten:

[2.9] $a \geq 0 \quad b \geq 0 \quad c \geq 0 \quad d \geq 0$

Schließlich werden höchstens 7000 Stück vom Produkt A produziert, das führt auf die Restriktion

[2.10] $2000 \cdot a \leq 7000$

[2.6] bis [2.10] stellen die Restriktionen zur Zielfunktion [2.5] dar.

Die Chromosomen des Mutations-Selektions-Verfahrens bestehen aus vierdimensionalen Vektoren $(x1, x2, x3, x4)'$. Die Fitneßfunktion ist gleich der Zielfunktion

$F(x1,x2,x3,x4) = 2000 \cdot x1 + 1500 \cdot x2 + 1000 \cdot x3 + 1200 \cdot x4$

Gesucht ist der Maximalpunkt $(a, b, c, d)'$.

Bei jedem Iterationsschritt des Mutations-Selektions-Verfahrens wird das gerade aktuelle Chromosom verändert und die Zielfunktion auf Verbesserung untersucht. Im Falle einer Verbesserung wird das Chromosom gegen das neue ausgetauscht, allerdings darf der Austausch nur dann erfolgen, wenn die Restriktionen [2.6] bis [2.10] erfüllt sind. Bei jedem Schritt sind daher alle Restriktionen zu überprüfen.

Das Iterationsverfahren kann nur dann vernünftig starten, wenn der Startvektor ebenfalls den Restriktionen genügt.

Das Mutations-Selektions-Verfahren lautet daher für Optimierungsprobleme:

[1] Wähle einen Anfangsvektor (Chromosom), welcher den Restriktionen entspricht.

[2] Verändere den Vektor.

[3] Prüfe, ob der neue Vektor den Restriktionen entspricht. Falls ja, weiter bei [4], andernfalls weiter bei [2].

[4] Falls die Fitneß des neuen Vektors sich verbessert hat, ersetze den alten Vektor durch den neuen.

[5] Fahre fort bei [2], falls das Abbruchkriterium nicht erfüllt ist.

In einem Programm wurde die oben formulierte Aufgabe zur Produktoptimierung codiert. Die Realisierungen der einzelnen Punkte des Algorithmus waren:

[1] Als Anfangsvektor wurde x1 = 2; x2 = 3; x3 = 1; x4 = 4 gewählt. Wie man sieht, genügt er den Restriktionen.

[2] Die Veränderung des Vektors erfolgte für jede Vektorkoordinate x durch die Vorschrift

$$x' = x + z \cdot d$$

wobei z eine Zufallszahl zwischen −1 und 1 war und d ein Inkrement, welches zunächst auf 0,8 gesetzt wurde und im Laufe der Rechnung in regelmäßigen Abständen verkleinert wurde bis auf $d = 0,1$ bei ca. 20 000 Iterationen.

[3] Es wurde (in Turbo Pascal) eine Bool'sche Funktion zulässig (x) eingeführt, die genau dann wahr (true) war, wenn der Vektor x den Restriktionen genügte.

[4] Wegen [3] kann jede Iteration eingeleitet werden mit

if zulässig (x) then ...

[5] Der Programmlauf wurde beendet, als die Werte am Bildschirm sich nicht mehr (nennenswert) änderten.

Die Erstellung des Programms (in Turbo Pascal) dauerte weit weniger als eine Stunde. Die Rechenzeit der Ausführung war 20 Sekunden (PC 386).

Eine Programmierung des Simplexverfahrens hätte zunächst die Codierung des Austauschverfahrens vorausgesetzt und dann die Erstellung und Programmierung von Rechenvorschriften, die die notwendigen 70 Austauschschritte durchführen. Der Programmieraufwand wäre unvergleichlich höher gewesen.

Die Rechenergebnisse: Nach ca. 23 000 Iterationen ergab sich

$a = 3,5$ $b = 5,5$ $c = 0$ $d = 7,05$

Die zugehörige Zielfunktion (Fitneß) war z = 23 710 Produkteinheiten.

2.5.2 Nichtlineare Optimierung

Das in Abschnitt 2.5.1 erwähnte Simplexverfahren ist auf nichtlineare Optimierungen nicht anwendbar, während das Mutations-Selektions-Verfahren problemlos übertragbar ist.

Als Beispiel betrachten wir das folgende Problem:

Ein Quader soll so ausgelegt werden, daß er ein möglichst großes Volumen besitzt. Dabei soll die gesamte Oberfläche den Wert 20 nicht übersteigen, während die Grundfläche mindestens den Wert 4 hat.

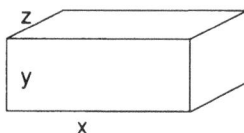

Abb. 9: Zu optimierender Quader

Entsprechend der Abbildung 9 führen wir die Kantenlängen x, y, z ein. Offenbar ist die (zu maximierende) Zielfunktion

$$z = x \cdot y \cdot z.$$

Die Restriktionen lauten:

$$2 \cdot (x \cdot y + x \cdot z + y \cdot z) \leq 20$$
$$x \cdot y \geq 4$$

Dieses nichtlineare Problem ist mit Hilfe des in Abschnitt 2.5.1 beschriebenen Algorithmus lösbar. Ein Programm lieferte nach ca. 30 000 Iterationen die Optimalwerte:

$$x = 2 \quad y = 2 \quad z = 1,5$$

mit dem zugehörigen Volumen $z = 6$.

2.6 Organisation und Planung

Das Anwendungsspektrum für Mutationsverfahren ist breit gestreut. Es umfaßt nicht nur Probleme der numerischen Mathematik, sondern auch Optimierungen des Operations Research, Organisationspläne, Ablaufpläne, neuronale Netze und vieles andere. Im folgenden werden zwei Anwendungen aus dem Bereich der Organisation und Planung vorgestellt.

36

2.6.1 Lagerhaltung

In diesem Abschnitt sei ein Beispiel aus dem Bereich "Organisation" behandelt, genauer aus dem Gebiet "optimale Lagerhaltung". Ein ähnliches Beispiel findet man z.B. in [DSW93].

Wir nehmen an, daß vier Maschinen M1, M2, M3, M4 die sieben Produkte P1, P2, P3, P4, P5, P6, P7 produzieren. Die folgende Tabelle zeigt, welche Maschine welches Produkt produzieren kann:

	P1	P2	P3	P4	P5	P6	P7
M1		x	x	x			x
M2	x		x	x	x		x
M3	x	x			x	x	x
M4	x	x	x	x	x	x	x

Tabelle 1: Maschine Mi kann nur die angekreuzten Produkte produzieren.

Für die einzelnen Produkte sind Vorprodukte notwendig, die wir mit V1, V2, V3, V4 bezeichnen und die im Lager zu halten sind. So benötigen wir zum Beispiel für das Produkt P1 bei der Tagesproduktion einer Maschine die folgenden Vorprodukte: 3 Teile V1, 2 Teile V2, 3 Teile V3. Die notwendigen Vorprodukte sind für jedes Produkt in der Tabelle 2 aufgelistet.

	V1	V2	V3	V4
P1	3	2	3	0
P2	0	2	0	2
P3	0	4	1	2
P4	2	4	0	0
P5	0	4	0	6
P6	1	0	2	3
P7	1	0	0	6

Tabelle 2: Benötigte Vorprodukte V1, V2, V3, V4 für die Produkte P1, ..., P7

Die folgenden Bedingungen seien vorgegeben:

• Jede Maschine soll einen Tag lang das gleiche Produkt herstellen.

• Die entsprechenden Vorprodukte sind an diesem Tag im Lager bereit-
zuhalten.

• Der Wechsel einer Maschine von einem Produkt zu einem anderen ist
mit Kosten verbunden.

Der Maschinen-Belegungsplan ist so auszulegen, daß die folgenden
Vorgaben eingehalten werden:

• Die Zahl der Produktwechsel an einer Maschine soll minimal sein.

• Die Lagerhaltung ist möglichst gering zu halten.

• Jedes Produkt soll an mindestens zwei (nicht unbedingt aufeinander
folgenden) Tagen produziert werden.

Zur Lösung des Problems definieren wir zunächst den Begriff "Bele-
gungsplan". Ein Belegungsplan legt für jede Maschine und für jeden
Wochentag (Mo, Di, Mi, Do, Fr) fest, welches Produkt von der Ma-
schine an diesem Wochentag zu produzieren ist. Man erhält eine Ta-
belle, wie sie als Beispiel in Tabelle 3 dargelegt ist. Letztlich ist der
Belegungsplan ein 20-dimensionaler Vektor, dessen Koordinaten die
Zahlen 1, 2, 3, 4, 5, 6, 7 sein können. Alle Vektoren dieser Art bilden die
Chromosomen für den Mutations-Algorithmus.

	Mo	Di	Mi	Do	Fr
M1	2	2	3	3	4
M2	4	1	1	5	5
M3	6	6	7	7	1
M4	2	3	3	4	5

Tabelle 3: Belegungsplan

Wir definieren die Fitneß-Funktion: Der in Tabelle 3 dargelegte Belegungsplan impliziert für jeden Wochentag eine Minimallagerhaltung, da
alle Vorprodukte vorhanden sein müssen. So muß bei der Belegung der
Tabelle 3 an jedem Wochentag die folgende Zahl von Vorproduktteilen
gelagert sein:

Mo	Di	Mi	Do	Fr
20	25	29	30	34

Es sei V (W,B) die Zahl der Vorproduktteile, die bei einem Belegungs-plan B am Wochentag W vorhanden sein müssen. (Für den obigen Bele-gungsplan wäre z.B. V(Mo,B) = 20, V(Di,B) = 25 usw.) Des weiteren sei Pw(B) die Zahl der Produktwechsel beim Belegungsplan B. (Im obi-gen Plan existieren 9 Produktwechsel, also Pw(B) = 9.) Dann ist ein Belegungsplan optimal, wenn

$$f(B) = Pw(B) + Max \{ V(Mo,B), V(Di,B), V(Mi,B), V(Do,B), V(Fr,B) \}$$

minimal ist. Die Fitneßfunktion ist dann:

$$F(B) = -f(B)$$

Je größer F(B) ist, um so besser ist der Plan. Für die Belegung der Ta-belle 3 ist F(B) = −43, wie man leicht nachrechnet.

Damit sind alle Voraussetzungen für eine Programmierung gegeben. Gehen wir vom Belegungsplan der Tabelle 3 aus, der willkürlich – unter Einhaltung der Randbedingungen – gewählt war, so kann man diesen Belegungsplan – d.h. den Vektor – durch Mutationen verändern und den dadurch entstandenen neuen Plan auf Fitneß untersuchen. Die Verände-rung (Mutation) muß unter Einhaltung folgender Regeln erfolgen:

- Es dürfen nur die ganzen Zahlen 1, 2, 3 … 7 erzeugt werden.

- Es sind nur Mutationen erlaubt, bei denen nach der Veränderung des Vektors jede Zahl mindestens zweimal vorkommt.

- Die Vorgaben der Tabelle 1 müssen bei der Mutation berücksichtigt werden.

In einem Programm wurde bei einer Mutation jeweils nur eine Vektor-koordinate verändert. Als Anfangsbelegung B wurde die Belegung der Tabelle 3 gewählt. Für diese Belegung beträgt die Fitneß F(B) = −43. Bereits nach 50 Mutationen betrug die Fitneß −39 und nach 1500 Itera-tionen war F(B) auf −33 angestiegen.

	Mo	Di	Mi	Do	Fr
M1	2	2	4	4	4
M2	1	1	1	3	3
M3	6	6	7	7	7
M4	5	5	3	3	3

Tabelle 4: Die vom Programm gefundene optimale Maschinenbelegung

Nach 13 000 Iterationen war die Fitneß F(B) = − 31. Eine weitere Verbesserung erfolgte nicht, so daß hier ein Optimum erreicht wurde. Dieses Optimum muß nicht das globale Maximum sein, möglicherweise ist es ein lokales Extremum, so daß noch bessere Belegungen existieren. Die zu dieser Fitneß gehörende Belegung ist die der Tabelle 4 (S. 39).

Die aus dieser Belegung resultierende Lagerhaltung ist:

Mo	Di	Mi	Do	Fr
28	28	28	28	28

Ein Vergleich mit der zur Anfangsbelegung gehörenden Lagerhaltung zeigt, daß bis zu 6 Vorproduktteile weniger gehalten werden müssen.

Die Abbildung 10 zeigt den Konvergenzverlauf der Fitneß in Abhängigkeit von der Zahl der Iterationen. Wie man sieht, erfolgt zunächst eine sehr schnelle Zunahme der Fitneß, während die letzten Genauigkeiten nur sehr mühsam und mit hohem Rechenaufwand erreichbar sind.

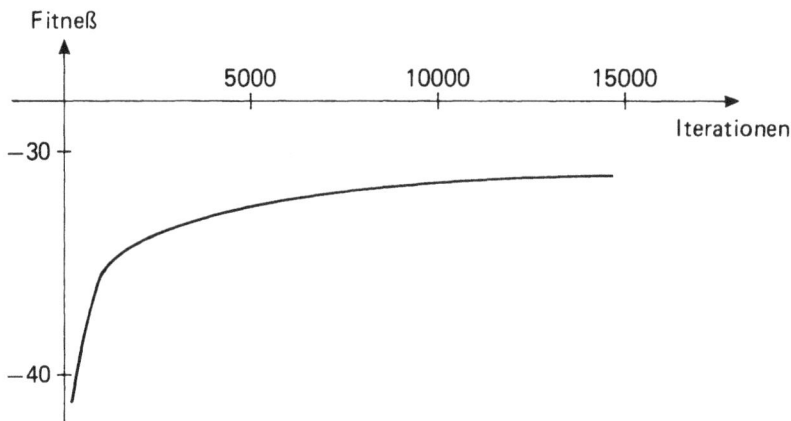

Abb. 10: Konvergenzgeschwindigkeit der Fitneß

2.6.2 Zeitabläufe und Stundenpläne

Jeder, der einen Stundenplan oder einen Personaleinsatzplan erstellt hat, kennt die Schwierigkeiten, die mit dieser Tätigkeit verbunden sind. Die Zahl der zu beachtenden Randbedingungen ist schier unbegrenzt: Zwei gleiche Fächer an einem Vormittag sind zu vermeiden, die Zahl der Freistunden der Lehrer ist zu minimieren, bestimmte Fächer finden

40

in bestimmten Räumen (Sporthalle, Physiksaal) statt, die gerade nicht frei sind, Frau Müller möchte montags die erste Stunde frei haben, da sie von auswärts kommt, Herr Schmidt möchte seine Lateinstunden in der 6c nur donnerstags und freitags geben, Lehrdeputate sind zu beachten usw. usw. usw. Hat man schließlich den Plan fertig, fällt Frau Meier wegen Mutterschaft aus. Eine Korrektur des Planes bringt nach dem Schneeballprinzip den gesamtem Stundenplan durcheinander.

Trotz – oder wegen – dieser Schwierigkeiten existieren kaum leistungsfähige Stundenplanprogramme. Die angebotene Software stellt meist nur eine Unterstützung zur Planerstellung dar.

Es gibt also gute Gründe, einen Programmansatz über selektive Verfahren zu versuchen. Das im folgenden diskutierte Konzept ist sicherlich nur einer von mehreren möglichen Ansätzen.

Zunächst stelle man jede zu gebende Stunde als eine Einheit dar wie zum Beispiel:

1.	Latein	Herr Schmidt	Klasse 6c
2.	Latein	Herr Schmidt	Klasse 6c
3.	Latein	Herr Schmidt	Klasse 6c
4.	Mathematik	Frau Müller	Klasse 7a
5.	Deutsch	Frau Meier	Klasse 4b ...

Hat ein Lehrer in einer Klasse ein Fach mehrfach in der Woche zu geben, so wird er auch mehrfach aufgeführt (siehe "Latein" im obigen Beispiel). Jeder dieser Einheiten wird eine Nummer j zugeordnet. So hat zum Beispiel Frau Müllers Mathematikstunde in der 7a die Nummer 4 und Frau Meiers Deutschstunde die Nummer 5.

Ordnet man nun die Klassen z.B.

5a, 5b, 5c, 6a, 6b,...

und ordnet man jeder Klasse 30 Plätze zu, entsprechend den Stunden und Wochentagen:

1:	Montag	Stunde 1
2:	Montag	Stunde 2
:	:	:
:	:	:
6:	Montag	Stunde 6
7:	Dienstag	Stunde 1
:	:	:
:	:	:
30:	Freitag	Stunde 6

41

so erhält man ein Schema mit K·30 Plätzen, wenn K Klassen vorhanden sind.

Legt man auf jeden dieser Plätze ein Fach (genau: eine Nummer (s. o.)), so hat man einen Stundenplan. Ein solcher Stundenplan könnte z.B. die Folge sein:

{2, 34, 1, 56, 4, ...}.

Hier steht jede Nummer für ein Fach. Die erste Nummer ist das Fach für Klasse 5a, Montag Stunde 1, die zweite Nummer (34) das Fach für Klasse 5a, Stunde 2 usw.

Jede Folge dieser Art könnte ein Chromosom für ein Mutationsverfahren sein.

Wie sieht eine Mutation aus? Eine Mutation kann hier nur der Tausch von zwei Zahlen im Chromosom, also der Austausch zweier Fächer sein. Hierbei gibt es allerdings sehr harte Randbedingungen, die zu beachten sind:

[1]   Zwei Fächer können nur innerhalb einer Klasse (im Chromosom innerhalb eines Blocks der Länge 30) vertauscht werden.

[2]   Es sind die Raumrestriktionen zu beachten (z.B.: Ist der Physikraum frei?)

[3]   Restriktionen, resultierend aus Lehrerwünschen, klassenspezifischen Gegebenheiten etc. sind einzuhalten.

Trotz dieser Randbedingungen ergeben sich noch genügend Freiheitsgrade für einen Tausch, also eine Mutation.

Schließlich bleibt – um das Mutationsverfahren einsetzen zu können – die Definition einer Fitneß-Funktion. Sind alle Restriktionen erfüllt, liegt bereits ein gültiger Stundenplan vor, der aber möglicherweise sehr uneffektiv ist, weil die Klassen und auch die Lehrer viele Freistunden zwischen zwei Unterrichtseinheiten haben. Möglicherweise gibt es Fächer, die in einer Klasse an einem Vormittag gleich zwei oder dreimal gegeben werden. Im schlimmsten Fall werden z.B. alle Lateinstunden der Woche am Montag morgen abgehalten.

Ein möglicher Ansatz für die Fitneß wäre daher der folgende: sei S ein Stundenplan (Chromosom) und

f1(S) = Summe der Freistunden der Klassen

f2(S) = Summe der Freistunden der Lehrer

f3(S) = Zahl der an einem Tag in einer Klasse mehrfach gegebenen Fächer

42

f(S)   = $\alpha 1 \cdot f1(S) + \alpha 2 \cdot f2(S) + \alpha 3 \cdot f3(S)$

Hier sind die Zahlen $\alpha 1$, $\alpha 2$, $\alpha 3$ geeignete positive Gewichtsfaktoren.

Offenbar ist ein Stundenplan um so besser, je kleiner f(S) ist. Als Fitneß-Funktion empfiehlt sich daher:

F(S) = $-$ f(S).

2.7 Das Travelling Salesman Problem (TSP)

Das Travelling Salesman Problem (Problem des Handlungsreisenden) gilt als Standardproblem für NP-vollständige Optimierungen.

Ein NP-vollständiges Problem ist ein Problem mit nicht polynomial beschränktem Rechenaufwand (im Gegensatz zu den P-vollständigen Problemen mit polynomial beschränkten Aufwand).

Die Aufgabe besteht darin, N Städte zu besuchen und dabei die kürzest mögliche Route zu benutzen. Theoretisch gibt es ein einfaches Lösungsverfahren: Man berechne die Länge aller möglichen $\frac{1}{2} \cdot (N-1)!$ Routen und suche die kürzeste aus. Allerdings ist der Rechenaufwand bereits ab N=10 enorm. Für N=20 würde – falls man in jeder Sekunde eine Route berechnen könnte – das Alter des Universums nicht ausreichen, um die Rechnung zu Ende führen zu können.

Das vorliegende Problem wird auch als TSP-Problem bezeichnet. TSP-Probleme treten in vielen Varianten auf. So zum Beispiel bei der Aufgabe, Löcher an vordefinierten Stellen in eine Leiterplatte zu bohren. Wie ist der Bohrer zu führen, damit der Gesamtweg des Bohrkopfes minimal ist? Eine andere Anwendung ist die Verlegung von elektrischen Leitungen oder Wasserrohren. Das Leiterplattenproblem wurde für 442 Bohrlöcher gelöst. Es existieren Lösungsansätze für bis zu 3000 Stationen.

Solche Lösungsansätze sind oft Mischungen von analytischen und numerischen Methoden oder sie basieren auf neuronalen Netzen (vgl. z.B. [Ki92]).

Auch selektive Verfahren sind einsetzbar. Sind N Städte vorgegeben, so numeriere man die Städte von 1 bis N und schreibe eine beliebige Permutation der Zahlen, z.B.

[1, 2, 3, ... N]

Fährt man dann die Städte in der Reihenfolge der zugeordneten Zahlen ab, hat man eine Route. Vertauscht man zwei Zahlen, ergibt sich eine andere. Für jede Route läßt sich deren Länge berechnen, so daß jeder

Route die Funktion f(R) zugeordnet ist. Gesucht ist die Route R', für die f(R') minimal ist.

Das weitere Vorgehen ist durch diesen Ansatz antizipiert: die Permutationen bilden die Chromosomen für ein Mutationsverfahren und F(R) = −f(R) kann als Fitneß definiert werden. Lediglich die Modalitäten der Mutation sind noch zu regeln.

Es genügt bei der Mutation natürlich nicht, einfach eine Zahl der Permutation per Zufall zu ändern, denn dadurch könnte eine Stadt in der Route gelöscht werden. Es existieren verschiedene Ansätze (vgl. z.B. [Br91]). Der einfachste ist der, zwei Städte in der Route zu vertauschen. Weitere Möglichkeiten der Mutation werden in den folgenden Kapiteln vorgestellt (z.B. der LIN-OPT-2-Schritt in Abschnitt 2.8.5).

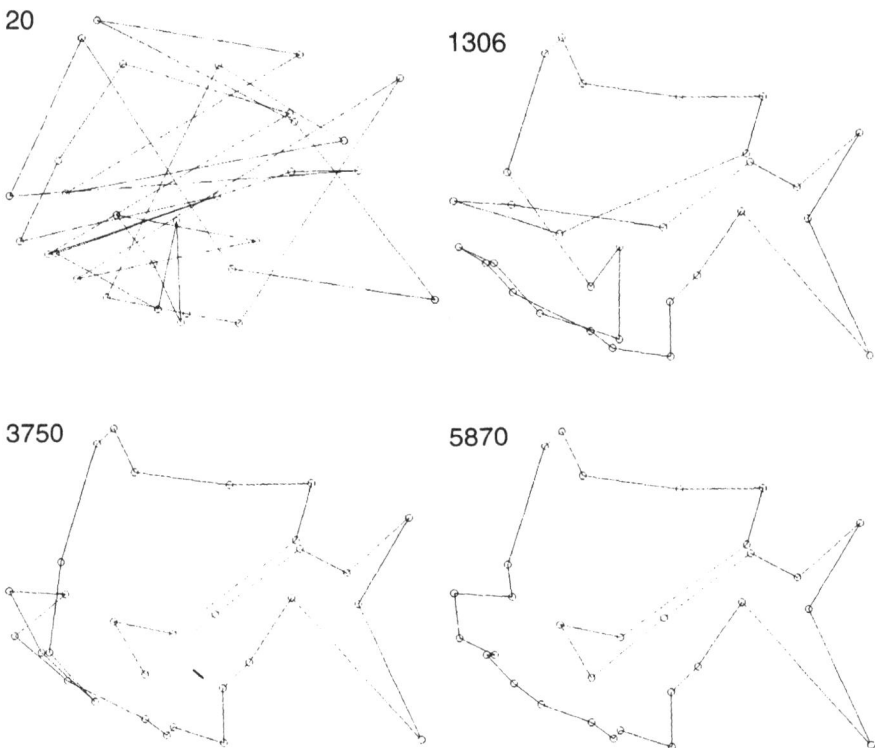

Abb. 11: Ermittlung einer möglichst kurzen Route für 15 Städte. Die wiedergegebenen Routen zeigen verschiedene Entwicklungsstadien (Zahl der Iterationen jeweils links oben im Bild).

Die Abbildung 11 zeigt die Entwicklung einer möglichst kurzen Route für 15 Städte. Dabei wurde jede Stadt durch zwei Bildschirmkoordinaten definiert und eine Mutation durch Vertauschung zweier Städte (Punkte) gewählt. Die Fitneß ist gegeben durch

$$F = \sum_i [(x_i - x_{i+1})^2 + (y_i - y_{i+1})^2]$$

wenn (x_i, y_i) die Koordinaten einer Stadt (eines Punktes) darstellen.

Obige Fitneßfunktion besitzt zahlreiche lokale Extrema. Im Normalfall ist zu erwarten, daß ein lokales Optimum angestrebt wird, so daß die berechnete Route im Sinne der Länge der Reiseroute zwar gut, aber möglicherweise nicht optimal ist.

2.8 Varianten zum Mutations-Selektions-Verfahren

2.8.1 Grundlagen

Bei dem bisher betrachteten Verfahren wurde grundsätzlich ein Chromosom durch ein anderes abgelöst, wenn dieses eine höhere Fitneß besaß. Wenn wir die Chromosomen mit Punkten in einer Landschaft vergleichen und die Fitneß die Höhe ist, auf der wir uns befinden, dann gleicht die Methode einem Herumwandern in der Landschaft, wobei wir grundsätzlich bergauf wandern. Ein – wenn auch kurzfristiger – Abstieg ist nicht vorgesehen.

Wenn ich mit dieser Methode einen hohen Berg besteigen will, kann es leicht passieren, daß ich auf einem vorgelagerten Hügel steckenbleibe und die Bergspitze nie erreiche, denn nach den Regeln kann ich den Hügel – und wenn er noch so klein ist – nicht verlassen, da das mit einem Abstieg verbunden ist.

Mathematisch bedeutet dies: Das Verfahren erstrebt für die Fitneß zwar ein Maximum, dieses ist aber in der Regel ein lokales Maximum, während man das globale Maximum erreichen möchte.

Als Beispiel betrachten wir das Travelling-Salesman-Problem. Für die Fitneß (Länge des Rundweges) existieren tausende, bei großen Ortszahlen Millionen von Minima. Gesucht ist das absolute. Die Wahrscheinlichkeit, daß man gerade im absoluten Minimum landet, ist gering. Man erhält fast immer eine lokal gute Lösung, die im günstigen Fall der optimalen nahekommt.

Will man diesen Nachteil des Verfahrens ausgleichen, muß man zulassen, daß hin und wieder auch lokale Maxima – also vorgelagerte Hügel – verlassen werden dürfen. Ein Abstieg muß also grundsätzlich erlaubt sein. Es existieren mehrere Ansätze für solche Algorithmen. Dabei bedient man sich im wesentlichen zweier Grundschemata:

- Eine Verschlechterung der Fitneß ist mit einer gewissen – allerdings sehr kleinen – Wahrscheinlichkeit möglich (Simulated Annealing).

- Eine Verschlechterung der Fitneß ist stets möglich, aber höchstens bis zu einem maximalen Betrag (Threshold Accepting).

Im folgenden werden diese Verfahren erläutert.

2.8.2 Simulated Annealing (Simuliertes Kühlen)

Diese Methode hat ihren Ursprung in der Festkörperphysik. Kühlt man flüssige Materieverbindungen so, daß sie in Festkörper (z.B. Kristalle) übergehen, verläuft der Vorgang derart, daß die Gesamtenergie (die freie Energie) minimal wird. Dabei können für die Energie lokale Minima erreicht werden. Ein lokales Energieminimum entspricht einer Kristallstruktur mit möglichen Verunreinigungen. Lediglich das absolute Minimum der Energie garantiert eine reine Kristallstruktur.

Der Kühlvorgang kann auf dem Rechner simuliert werden, wobei sich zeigt, daß durch langsames Abkühlen mit hoher Wahrscheinlichkeit das absolute Energieminimum gefunden wird. Daher der Name 'Simulated Annealing'.

Der Physiker Scott Kirkpatrick (IBM Forschungslabor in Yorktown Heights) übertrug 1982 die Methode des Kühlens auf allgemeine Optimierungsprobleme. Dabei entsprach die Energie der zu minimierenden Zielfunktion. Hopfield wandte die Methode auf die nach ihm benannten neuronalen Netze mit Erfolg an ([Ho82], [Ki92]). Hopfield-Netze besitzen nämlich in ihrem mathematischen Formalismus eine enge Verwandtschaft mit der Beschreibung von Festkörpern (Spingläser) und der qualitative Verlauf im Verfahren ähnelt sehr dem Abkühlungsprozeß von Kristallen und Spingläsern.

Wir gehen aus vom Mutations-Selektions-Verfahren. Den Algorithmus können wir so schreiben:

[1] Wähle ein Anfangschromosom $x \in M$.

[2] Verändere das Chromosom x zu x'.

[3] Berechne $r = F(x') - F(x)$ (F = Fitneß).

[4] Falls $r > 0$, wähle x', andernfalls x.

[5] Fahre fort bei [2].

Wir verändern den Punkt [4] so, daß auch Chromosomen mit niedrigeren Fitneß-Werten eine Überlebenschance haben und erhalten den modifizierten Algorithmus:

[1]   Wähle ein Anfangschromosom x∈M.

[2]   Verändere das Chromosom x zu x'.

[3]   Berechne r = F(x') – F(x).

[4]   Wähle mit der Wahrscheinlichkeit p(r) x' als neues Chromosom.

[5]   Fahre fort bei [2].

Natürlich werden wir Chromosomen mit kleinerer Fitneß nur sehr selten zulassen, daher muß die Wahrscheinlichkeit p(r) klein sein für negative r (da dann F(x') < F(x) ist) und groß sein für positive r.

Eine solche Wahrscheinlichkeit ist z.B. gegeben durch

$$p(r) = \frac{1}{1 + \exp(-r/T)}$$

wobei T eine beliebige positive Zahl bedeutet. Der Verlauf dieser Funktion ist wiedergegeben in Abbildung 12.

Die Abbildung zeigt, daß für T = 0,1 die Funktion p(r) groß ist für r > 0 und p(r) klein ist für r < 0. Vergrößert man T, bleibt diese Eigenschaft erhalten, allerdings in nicht mehr so signifikanter Form. Für den Grenzübergang T → ∞ schließlich geht p(r) in die Funktion p(r) = ½ über, was bedeutet, daß alle Chromosomen gleichwahrscheinlich sind.

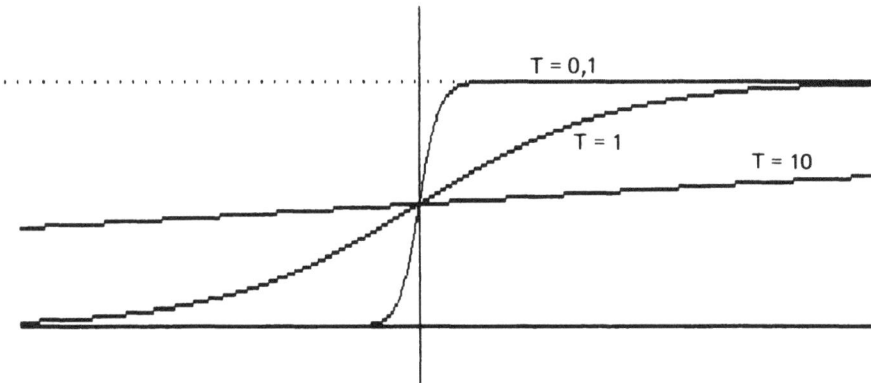

Abb. 12: Verlauf der Wahrscheinlichkeit p(r) für verschiedene T

Startet man den obigen Algorithmus mit einem hohen Wert für T, sind alle Chromosomen gleichwahrscheinlich. Unabhängig von der Fitneß werden per Zufall Chromosomen ausgewählt. Im Bild der Landschaft wandern wir ziellos umher. Danach verkleinern wir T. Nunmehr werden die Chromosomen mit höherer Fitneß beim Austausch wahrscheinlicher, die mit niedriger Fitneß unwahrscheinlicher. In der Landschaft ziehen wir es vor, bergan zu steigen, wenngleich auch Abstiege erlaubt sind. In dieser Phase können wir noch von einem Berg zum anderen überwechseln, also auch lokale Maxima verlassen. Schließlich verkleinern wir T so, daß fast nur noch Chromosomen mit einer höheren Fitneß gewählt werden. Das Verfahren geht in das übliche Mutations-Selektions-Verfahren über.

Während zu Beginn der Rechnung (bei hohem T) noch alle Extrema erreichbar sind, pendelt sich das System zum Ende (bei niedrigem T) auf ein bestimmtes Maximum ein. Da grundsätzlich in jeder Phase des Verlaufs die Chromosomen mit höherer Fitneß höhere Wahrscheinlichkeiten besitzen, konvergiert das Verfahren im stochastischen Sinne gegen ein Maximum.

Wenn man die Konstante T zu schnell senkt, pendelt sich das System zu schnell auf ein Extremum ein. Senkt man T langsam, hat man die Chance, das absolute Extremum zu finden.

Dies ist – wie bereits erwähnt – vergleichbar mit dem Abkühlen von flüssigen Materieverbindungen, die in Kristalle übergehen. Bei der Züchtung eines Kristalls durch Abkühlen der Schmelze hat man darauf zu achten, daß der Kühlvorgang nicht zu schnell verläuft, denn bei zu schnellem Abkühlen haben die Moleküle nicht genügend Zeit, sich entsprechend der Gitterstruktur zu ordnen. Es entstehen lokale Bereiche, wo die Gitterstruktur verletzt ist, wo also der Kristall nicht rein ist. Die reine Kristallstruktur ist durch ein Minimum der Gesamtenergie gekennzeichnet, also geht es auch hier um das Auffinden eines globalen Extremums. Andererseits muß die Anfangstemperatur genügend groß sein, damit die Moleküle sich hinreichend mischen können, um in einen Kristall übergehen zu können.

Die Analogie zwischen diesem physikalischen Kühlprozeß und obigem Algorithmus ist frappant, man hat – aus dem Ansatz der Boltzmann-Verteilung her – fast identische Formeln. Daher bezeichnet man beim "Simulated Annealing" T als Temperatur.

Wir formulieren den oben beschriebenen Algorithmus um, so daß er für die praktische Programmierung direkt anwendbar ist:

Algorithmus: Simulated Annealing

[1] Wähle ein Anfangschromosom xεM.

[2] Verändere das Chromosom x zu x'.

[3] Berechne r = F(x') – F(x).

[4] Berechne die Wahrscheinlichkeit

$$p = \frac{1}{1 + \exp(-r/T)}$$

[5] Wähle eine Zufallszahl z mit $0 \le z \le 1$. Ist $z \le p$ dann wähle x',
     andernfalls x als (neues) Chromosom.

[6] Verkleinere die Temperatur T.

[7] Falls Abbruchkriterium nicht erfüllt ist, fahre fort bei [2].

Bei der Ausführung ist darauf zu achten, daß r nicht betraglich zu große
Zahlen annimmt, da sonst – wie der Kurvenverlauf in Abbildung 11
zeigt, p die Werte 1 oder 0 erhält und damit der Vorteil des Verfahrens
verloren geht. Man kann das dadurch erreichen, daß man die Fitneß auf
ein nicht zu großes Intervall (z.B. $0 \le x \le 1$) normiert. Als Beispiel betrachte man das Travelling-Salesman-Problem. Hier erhält man leicht
Fitneß-Werte, die einige Zehntausend betragen. In diesem Fall ist eine
Normierung unumgänglich.

Schließlich sei noch auf folgendes hingewiesen: Im Normalfall bewegt
man sich im Suchraum – d.h. in der Menge der Chromosomen – nur um
ein kleines Stück, wenn man mutiert. Das bedeutet, daß x und x' nicht
weit voneinander entfernt sind. Beim Simulated Annealing ist es jedoch
beim Start des Verfahrens sinnvoll, im Suchraum bei jeder Iteration
weit entfernte Chromosomen zu betrachten. Sonst besteht die Gefahr,
daß sich der Algorithmus immer nur um einen "Bergabhang" herumbe-
wegt. Erst später, wenn die Temperatur kleiner wird, sollte man kleine
Bewegungen zulassen.

Daher empfiehlt es sich, bei jedem Iterationsschritt zu Beginn, wenn T
noch groß ist, x' aus x dadurch zu gewinnen, daß man mehrere Mutationen hintereinander durchführt. Erst wenn T kleiner wird, kann man die
Zahl der Mutationen pro Iteration beschränken, bis man schließlich bei
einer Mutation landet.

2.8.3 Threshold Accepting

Beim Simulated Annealing kann man lokale Maxima verlassen, weil
auch Chromosomen mit schlechterer Fitneß akzeptiert werden. Dies ist

auch bei dem jetzt zu beschreibenden Verfahren der Fall. Allerdings wird die Auswahl der Chromosomen nicht von Wahrscheinlichkeiten abhängig gemacht. Das Verfahren wurde von G. Dueck, T. Scheuer und H. M. Wallmeier in [DSW93] beschrieben.

Die Arbeitsweise des Algorithmus ist die folgende: Man verändere das Chromosom x durch Mutation zu x'. Die Fitneß des neuen Chromosoms kann schlechter als die von x sein, allerdings nicht schlechter als $F(x)$ -- T, wobei T eine Toleranzschwelle (threshold) ist. Ist $F(x') \geq F(x) - T$, wähle man x', andernfalls x als Chromosom für die nächste Iteration. Im Laufe der Rechnung wird die Toleranzschwelle T laufend verkleinert, bis sie schließlich 0 erreicht.

In kompakter Formulierung lautet die Vorschrift:

Algorithmus Threshold Accepting

[1] Wähle ein Anfangschromosom xεM.

[2] Verändere das Chromosom x zu x'.

[3] Berechne r = F(x) - T.   (F(x) = Fitneß).

[4] Ist $F(x') \geq$ r, wähle x', andernfalls wähle x als (neues) Chromosom.

[5] Verkleinere T.

[6] Falls Abbruchkriterium nicht erfüllt ist, fahre fort bei [2].

Den Punkt [5] kann man ersetzen durch:

[5'] Wenn über eine längere Zeit keine Verbesserungen von F(x) erzielt wurden, verkleinere T.

T wird permanent verkleinert und erreicht irgendwann den Wert 0.

Offenbar lassen sich lokale Extrema überwinden, da Abstiege möglich sind. Mit Threshold Accepting kommt man leichter aus lokalen Maxima heraus als mit Simulated Annealing. Auch benötigt man bei Simulated Annealing längere Zeiten, um aus einem lokalen Extremum herauszufinden. Allerdings hat Threshold Accepting auch einen Nachteil, den man bei Simulated Annealing nicht findet: Hat man einen Berg mit Steilhängen erklommen, kommt man nur schwer oder gar nicht herunter, man bleibt möglicherweise in einem lokalen Extremum hängen.

G. Dueck, T. Scheuer und H. M. Wallmeier von der IBM Heidelberg haben das Travelling Salesman Problem und andere Anwendungen mit Simulated Annealing und Threshold Accepting getestet und dabei in vielen tausend Versuchen mit verschiedenen Startpunkten festgestellt, daß Threshold Accepting in mehr als der Hälfte der Versuche besser war als die beste Lösung von Simulated Annealing. Das oben erwähnte Problem mit den Steilhängen trat bei großen Anwendungen so gut wie nie auf (vgl. [DSW93]).

2.8.4 Die Sintflut-Methode

Diese Variante des Mutations-Selektions-Verfahrens wurde wie das Threshold Accepting in [DSW93] beschrieben und von den Autoren "Sintflut-Methode" genannt. Wie beim Threshold Accepting werden Chromosomen mit schlechterer Fitneß akzeptiert, allerdings muß letztere mindesten gleich einem Akzeptanzwert T sein, also

$$F(x) \geq T$$

Diese Zahl T erhöhen wir während des Verfahrens ständig. Wenn der Algorithmus keine weiteren Lösungen findet, ist die zuletzt gefundene die optimale.

Die Methode ist vergleichbar mit dem Herumwandern in einer Landschaft, suchend nach einer Bergspitze. Es regnet ohne Unterlaß und das Wasser steigt immer höher. Der Wanderer kann sich nur oberhalb des Wasserstandes aufhalten. Irgendwann ist das Wasser so hoch gestiegen, daß Landschaftsteile als Inseln aus dem Wasser herausragen. Wenn es weiter steigt, bleiben die Berge und Bergspitzen. Da der Wanderer sich nur auf festem Grund aufhält, kann er es nicht vermeiden, sich irgendwann auf den Bergspitzen wiederzufinden.

Die Akzeptanz T ist hier die Höhe des Wasserstandes. Der Algorithmus lautet:

Algorithmus Sintflut-Methode

[1] Wähle ein Anfangschromosom x∈M sowie eine Zahl T.

[2] Mutiere das Chromosom x zu x'.

[3] Berechne F(x'). (F = Fitneß)

[4] Ist F(x') > T, wähle x', andernfalls wähle x als (neues) Chromosom.

[5] Vergrößere T um das Inkrement ε.

[6] Falls Abbruchkriterium nicht erfüllt ist, fahre fort bei [2].

Nach Aussagen der oben genannten Autoren ist der Sintflut Algorithmus fast so gut wie Threshold Accepting, dafür aber etwas schneller.

2.8.5 Anwendungen auf das TSP-Problem

Das TSP-Problem (Travelling Salesman Problem, vgl. Abschnitt 2.7) wurde mit dem Threshold-Algorithmus, mit dem Mutations-Selektions-Verfahren, mit der Sintflut-Methode und – zur Kontrolle – mit einem neuronalen Netz für 50 Städte gerechnet und auf dem Bildschirm grafisch ausgegebenen ([Mü93]). Jede Station (Stadt) war durch ihre Bildschirmkoordinaten und jede Route durch eine Folge der Positionen charakterisiert.

Eine Mutation der Stationsfolge erfolgte durch einen LIN-2-OPT-Schritt (vgl. [DSW93]). Bei diesem Schritt werden zwei beliebige Strecken aus der Tour herausgenommen. Die beteiligten vier Stationen werden daraufhin durch zwei anders gelagerte Strecken neu verbunden (vgl. Abb. 13). Man hat bei dieser Aktion allerdings darauf zu achten, daß nicht zwei getrennte Rundwege entstehen.

Bei Vergleichsrechnungen wurde (vgl. [Mü93]) der LIN-2-OPT-Schritt als Mutationsschritt eingesetzt. Getestet wurden die Mutations-Selektions-Methode, Threshold Accepting und der Sintflut-Algorithmus.

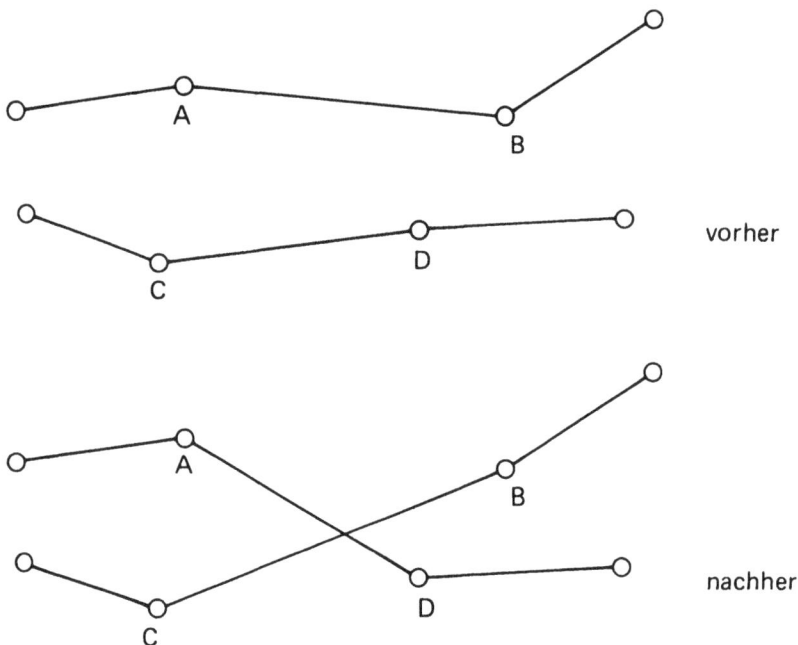

Abb. 13: LIN-2-OPT-Schritt: Die Strecken AB und CD werden aus der Tour entfernt und die beteiligten vier Punkte neu verbunden.

Threshold Accepting wurde in drei Varianten durchgeführt: schnelles, normales und langsames Senken der Toleranzschwelle T.

Die folgende Tabelle zeigt die Längen der von den einzelnen Verfahren ermittelten Routen. Dabei wurde die kürzeste Route (bei Threshold mit langsamen Senken) auf 1000 normiert. Die Vergleichsrechnungen erfolgten für 50 Stationen (es existieren hierfür etwa 10 hoch 62 Routen).

Threshold : T=50, langsames Senken   1000
Threshold : T=50, normales Senken   1005
Threshold : T=30, langsames Senken   1014
Threshold : T=30, normales Senken   1018
Threshold : T=50, schnelles Senken   1023
Threshold : T=30, schnelles Senken   1034
Sintflut   1035

Mutations-Selektions-Verfahren   1045

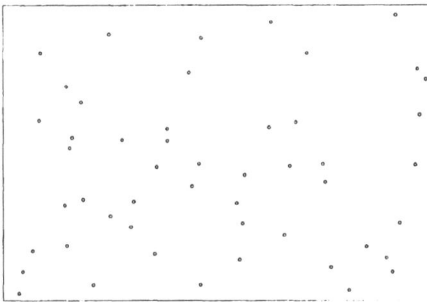

Die Stationen

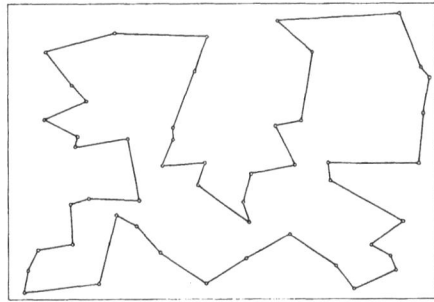

Mutation-Selektion
(TA mit Toleranz 0)

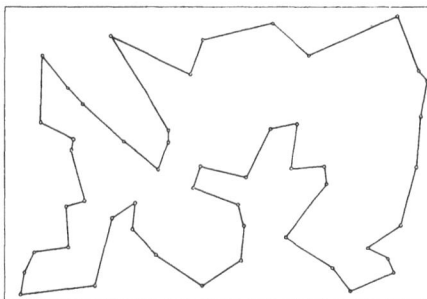

Threshold Accepting

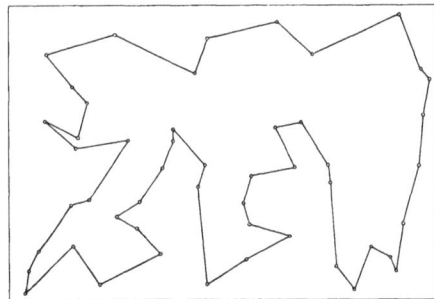

Sintflut

Abb. 14: Ermittelte Routen für 50 Stationen, ermittelt durch die Selektionsmethode, Threshold Accepting und Sintflut-Algorithmus

Wie man erkennt, ist Threshold mit einer großen Anfangsschwelle und mit einem langsamen Senken von T optimal mit einer normierten Routenlänge von 1000. Sintflut erweist sich mit 1035 schlechter als Threshold, die ungünstigste Route lieferte das Mutations-Selektions-Verfahren mit 1045.

Die Abbildung 14 auf S. 53 zeigt einige ermittelte Wege für 50 Stationen. Eine Optimierung mit einem neuronalen Netz (Kohonen-Netz) zeigte wesentlich höhere Rechenzeiten als die aufgeführten Berechnungen.

3. Genetische Algorithmen

3.1 Das biologische Vorbild

Die biologische Genetik – insbesondere aber die Evolutionstheorie – diente als Vorbild für die Entwicklung der genetischen Algorithmen.

Die Informationen über Struktur und Fähigkeiten eines biologischen Individuums sind bekanntlich in den Chromosomen codiert, diese wiederum sind Bestandteil jeder Zelle. Ein Chromosom besteht chemisch vor allem aus Desoxyribonukleinsäure (DNA) und diese ist – in der Sprache der Informatik – ein String über einem Alphabet mit vier Zeichen. Diese vier "Zeichen" sind Moleküle, die in einer Kette zu einem Chromosom aufgereiht sind: das Adenin (A), Thymin (T), Cytosin (C) und Guanin (G) (Nukleotide). Teilstrings der Chromosomen sind Baupläne für zu bildende Proteine und Enzyme. So ist der gesamte Bauplan eines Individuums in jeder einzelnen Zelle abgespeichert.

Der vollständige Chromosomensatz des Menschen (Genom) enthält etwa 2 870 000 000 "Zeichen" (Nukleotide). Hätte jedes Nukleotid einer solchen Kette den Durchmesser von einem Millimeter und wären alle dicht aneinander in einer Kette verbunden, wäre der String 2 870 Kilometer lang.

Die in Erbversuchen erfaßbaren Erbeinheiten (Blütenfarbe usw.) bezeichnet man als Gene. Die Vererbung der durch Gene charakterisierten Eigenschaften erforschte als erster Johann Gregor Mendel, der seine Ergebnisse 1865 veröffentlichte. Die nach ihm benannten Vererbungsgesetze hatte er durch Kreuzungsversuche an Erbsen erhalten.

Durch Kreuzungsversuche mit der Frucht- oder Taufliege (Drosophila melanogaster) fand T. H. Morgan Vererbungsgesetze, die nur dadurch erklärbar sind, daß bei der Fortpflanzung (d.h. bei der Reifeteilung der Zelle) zwei homologe Chromosomen sich umschlingen. Dabei erfolgt ein Bruch und die Bruchstellen verknüpfen sich über Kreuz (Kreuzung, Crossover).

Des weiteren erfolgen – wenn auch selten – Veränderungen von Chromosomenteilen durch Mutation. Durch Mutationen entstanden z.B. die verschiedenen Rassen unserer Haustiere und auch die Kulturpflanzen, die sich aus Wildformen entwickelten. Dabei können Mutationen in jeder Zelle des Körpers auftreten, jedoch werden nur Mutationsveränderungen in den Keimzellen genetisch weitergegeben.

1859 veröffentlichte Charles Darwin in "On the Origin of Species by Means of Natural Selection" seine Selektionstheorie. Bereits 1809 hatte J. B. Lamarck die These vertreten, daß die Entwicklung im Tier- und Pflanzenreich durch Umwelteinflüsse erklärbar sei, indem die von den Individuen erworbenen Fähigkeiten vererbt würden. Diese These ist heute widerlegt, zumindest konnte die Vererbung erworbener Fähigkeiten in keinem Fall nachgewiesen werden.

Darwin beobachtete und konstatierte die folgenden Sachverhalte:

- Die Lebewesen erzeugen mehr Nachkommen, als zum Erhalt der Rasse notwendig wäre. Nicht alle können überleben.

- Die Nachkommen eines Elternpaares variieren in ihren Eigenschaften und Fähigkeiten.

- Jene Lebewesen, deren Eigenschaften zum Futtererwerb, zur Ausnutzung des Lebensraumes und zur Paarung am günstigsten entwickelt sind, überleben und verdrängen die anderen.

Dies führt zu einer Selektion der am besten an ihre Umwelt Angepaßten. Diese natürliche Auslese führt über Generationen zu einer allmählichen Umbildung der Arten.

Selektion und damit Evolution funktioniert, wenn die folgenden Voraussetzungen gegeben sind:

- Es gibt eine Population von Individuen.

- Die Individuen einer Population variieren in ihren Eigenschaften.

- Die Fähigkeit zum Überleben (Fitneß) hängt ab von diesen Eigenschaften.

- Die Individuen einer Population besitzen die Fähigkeit zur Reproduktion.

Die Evolutionstheorie reduziert die Wirklichkeit auf ein Modell, und es ist sicher unzulässig, Realität und Modell zu identifizieren. Trotzdem erwies sich die Theorie als leistungsfähig in der Erklärung der Entstehung der Arten. Daher sollte der Versuch sinnvoll sein, Evolution auf dem Computer zu simulieren, um so theoretische Konstrukte evolutionsanalog entstehen zu lassen. Der Versuch liefert die genetischen Algorithmen, wie sie die nächsten Abschnitte beschreiben.

3.2 Einführende Beispiele

Übertragen wir die Ansätze biologischer Selektion und Evolution auf Algorithmen, so müssen die folgenden Gegebenheiten vorliegen:

- Es muß eine Population von Individuen existieren. Alle Individuen sind Strings über einem Alphabet, die Individuen sind verschieden.

- Es existieren genetische Operationen, die die Individuen verändern.

- Es existiert eine Funktion, die für jedes Individuum die Fitneß festlegt.

- Nach mehreren Veränderungen erfolgt eine auf die Fitneß orientierte Neuordnung (Reproduktion) der Population.

Die Reproduktion, die Chromosomen mit hoher Fitneß überleben und solche mit niedriger Fitneß sterben läßt, bewirkt, daß von Generation zu Generation die Chromosomen im Sinne der zu lösenden Aufgabe besser werden.

John Holland veröffentlichte 1975 Algorithmen, die diesen Forderungen entsprachen [Ho75]. Diese genetischen Algorithmen seien an zwei Beispielen erläutert.

3.2.1 Die künstliche Ente

Das vorliegende Beispiel wurde in ähnlicher Form von verschiedenen Autoren dargestellt (z.B. [Je91]). Gegeben sei ein Teich, den eine (künstliche) Ente durchschwimmen soll. Der Teich ist rechteckig und in Planquadrate (siehe Abbildung 15) eingeteilt. Die Ente befindet sich in der Position A1 oben links. Sie kann von links nach rechts um ein Kästchen vorwärtsschwimmen oder sich von oben nach unten um ein Kästchen hinunterbewegen. Legt man diese beiden Bewegungsformen hintereinander, entsteht eine Schwimmbahn, wie sie in Abbildung 16 an einem Beispiel dargestellt ist. Die Ente soll den Teich durchschwimmen und dabei möglichst viele Futterstellen (die mit dem Symbol <> gekennzeichneten Stellen) durchlaufen.

Wir codieren jede horizontale Entenbewegung (von links nach rechts) durch die Zahl 0 und jede Bewegung von oben nach unten durch 1. Dann ist eine Schwimmroute eindeutig beschrieben durch eine Folge wie zum Beispiel 1 1 0 0 0 1 1 1 . . . . . Wir lassen die Ente so lange schwimmen, bis sie eine der dem Planquadrat A1 gegenüberliegenden Kanten erreicht hat, bis sie also entweder die letzte Spalte S oder die unterste Reihe 8 erreicht.

Wie bereits erwähnt, beschreiben Binärfolgen wie z.B.

0 1 0 0 0 0 1 1 1 0 0 0 0 1 0 0 0 0 0 0 1 0 0 0 1

die Schwimmrouten. Die Route der oben angegebenen Binärfolge ist in Abbildung 16 wiedergegeben.

	A	B	C	D	E	F	G	H	I	J	K	L	M	N	O	P	Q	R	S
1				<>					<>						<>				
2					<>					<>						<>			
3																			
4					<>					<>						<>			
5				<>					<>						<>				
6																			
7				<>					<>						<>				
8					<>					<>						<>			

Abb. 15: Das Bewegungsfeld der Ente. Futterstellen sind mit dem Symbol <> gekennzeichnet. Die Ente hat das Feld zu durchschwimmen und dabei möglichst viele Futterstellen anzulaufen.

	A	B	C	D	E	F	G	H	I	J	K	L	M	N	O	P	Q	R	S
1	■	■		<>					<>						<>				
2		■	■	■	■	■				<>						<>			
3						■													
4				<>	■					<>						<>			
5				<>		■	■	■	■	■					<>				
6									■	■	■	■	■	■					
7				<>					<>						<>	■	■	■	■
8					<>					<>						<>			■

Abb. 16: Die zum Chromosom 0 1 0 0 0 0 1 1 1 0 0 0 0 1 0 0 0 0 0 0 1 0 0 0 1 gehörende Schwimmroute der Ente mit der Fitneß 2

Wie leicht nachzuvollziehen ist, benötigt man für eine Route, die den Teich durchquert, höchstens 25 Zeichen in der zugeordneten Binärfolge. Sollte die Route durch weniger Bits beschreibbar sein (kommt die Ente also bereits bei Bit 18 an den Teichrand), betrachten wir die restlichen Bits als bedeutungslos. So beschreiben z.B. die Folgen

1 1 1 1 1 1 1 1 1 1 0 0 1 0 1 1 0 0 1 0 0 0 1 1
1 1 1 1 1 1 1 1 1 1 1 1 1 1 1 1 1 1 0 1 1 1 0 1

dieselbe Route, nämlich eine Bahn entlang der Spalte A.

Wir definieren eine Fitneß Funktion, die jeder Route eine Zahl zuordnet. Im Teich befinden sich an definierten Stellen (in der Abbildung 15 markiert mit dem Symbol <>) Futterstellen. Die Ente soll nun auf ihrem Weg durch den Teich möglichst viele Futterstellen anlaufen. Je mehr Futter sie zu sich nimmt, um so "fitter" ist sie.

58

Wir suchen die Route mit der höchsten Fitneß. Im Gegensatz zu den Mutationsverfahren starten wir gleich mit mehreren Routen, die wir über Zufallszahlen produzieren und bezeichnen die Menge dieser Routen als Population. Jeder Route ist eine Binärfolge zugeordnet, die wir Chromosom nennen. Die Chromosomen der Anfangspopulation sind in Tabelle 5 aufgelistet, die letzte Spalte zeigt die Fitneß des entsprechenden Chromosoms. Die Summe aller Fitneß-Werte der Population bezeichnen wir als Gesamtfitneß. Sie trägt für die Population der Tabelle 5 den Wert 9.

Nr.	Chromosom	Fitneß
1	1 0 1 0 0 0 1 1 0 1 0 1 1 1 0 1 0 0 1 1 0 0 0 1 0	1
2	0 0 0 1 0 0 0 0 1 0 0 0 0 0 1 0 0 0 0 1 0 0 0 0 0	3
3	0 0 1 1 0 0 1 1 1 0 1 0 1 1 1 0 0 0 1 0 1 1 0 1	1
4	1 0 1 1 0 0 0 1 0 1 0 0 0 1 1 0 1 0 0 1 1 1 0 1 1	3
5	0 0 1 1 1 1 1 1 1 0 0 1 1 1 1 0 0 1 0 0 0 0 0 1 0	1
6	1 1 1 1 1 0 0 0 0 0 1 1 1 0 1 0 0 1 1 0 1 0 0 1 1	0
		9

Tabelle 5: Anfangspopulation mit der Gesamtfitneß: 9

Entsprechend dem Vorbild der Natur verändern wir die Chromosomen in ihrer Zusammensetzung in der Hoffnung, in Bezug auf die Fitneß bessere zu erhalten. Veränderungen sind bei dem biologischen Vorbild im wesentlichen Mutationen und Kreuzungen. Hinzu kommt das Überleben der fittesten Individuen (Reproduktion), die eine neue Generation bilden. Wir führen für die genetischen Operationen sowie für die Reproduktion entsprechende algorithmische Operationen ein.

Wir verändern die Chromosomen der Anfangspopulation zunächst nur durch Mutationen, indem wir jedes Element einer Folge mit der Wahrscheinlichkeit 0,1 verändern (also im Durchschnitt wird jedes 10te Element von 0 auf 1 oder umgekehrt gesetzt). Diese Veränderung führen wir nur für einige Chromosomen durch, die wir durch Zufall aussuchen. In unserem Beispiel verändern wir die Chromosomen Nr. 2, Nr. 4 und Nr. 5. Die Fitneß verbessert sich in zwei Fällen, während sie sich im Fall Nr. 4 verschlechtert.

Danach entfernen wir das Chromosom mit der schlechtesten Fitneß und ersetzen es durch eines mit besserer Fitneß. In unserem Fall ersetzen wir Chromosom Nr. 6 (Fitneß 0) durch Chromosom Nr. 2 (Fitneß 3).

All diese Operationen verändern die Population der Tabelle 5 zu Chromosomen, die als Population in Tabelle 6 wiedergegeben sind. Es handelt sich um die zweite Generation. Wenn wir die Summe aller Fitneß-Werte als Gesamtfitneß bezeichnen, hat diese sich von 9 auf 15 erhöht.

Nr.	Chromosom	Fitneß
1	1 0 1 0 0 0 1 1 0 1 0 1 1 1 0 1 0 0 1 1 0 0 0 1 0	1
2	0 0 0 1 0 0 0 0 1 1 0 0 0 0 0 0 1 0 0 0 0 0 0 0 0	4
3	0 0 1 1 0 0 1 1 1 0 1 0 1 1 1 0 0 0 1 0 1 1 0 1	1
4	1 0 1 1 0 0 0 1 1 1 0 0 0 0 1 1 1 0 0 1 1 1 0 1 1	2
5	0 0 0 1 1 1 1 1 1 1 0 1 1 1 1 0 0 0 0 0 0 0 0 1 0	4
6	0 0 0 1 0 0 0 0 1 0 0 0 0 0 1 0 0 0 0 1 0 0 0 0 0	3

15

Tabelle 6: Zweite Generation mit der Gesamtfitneß: 15

Wir werden auf die Generation 2 eine genetische Operation anwenden, die zwei leistungsfähige Chromosomen zu neuen Chromosomen zusammensetzt. Es handelt sich um das biologische Vorbild der Kreuzung.

Hat man zwei Strings, die im Sinne der Fitneß gut sind, so enthalten sie wertvolle Informationen in Bezug auf die Fitneß. Entnimmt man nun beiden Chromosomen je einen Teil dieser Informationen und setzt sie zu einer Gesamtinformation zusammen, baut also aus beiden Strings einen Nachwuchsstring, der die guten Eigenschaften erbt, erhält man einen String, der im Sinne der Fitneß möglicherweise besser ist als die Vorbilder.

In der biologischen Szene erfolgt die Weitergabe von qualifizierten Eigenschaften zweier Individuen durch eine genetische Operation, die wir Kreuzung (Crossover) nennen: die Elemente eines Chromosoms (die Gene) werden ausgetauscht. In der Theorie der genetischen Algorithmen bezeichnen wir diese Operation als Rekombination.

Abb. 17: Kreuzung (Rekombination) zweier Strings

Wir übertragen die Idee auf unsere Binärfolgen. Aus der Population der Tabelle 6 wählen wir zwei Strings mit hoher Fitneß. Dies sind z.B. die Binärfolgen Nr. 2 und Nr. 5. Nach Ermittlung einer Zufallszahl z mit $1 \leq z \leq 24$ bringen wir in dem Chromosomen hinter dem Bit z eine Markierung (#) an. Für $z = 10$ ergibt das

Nr. 2: 0 0 0 1 0 0 0 0 1 1 # 0 0 0 0 0 0 1 0 0 0 0 0 0 0
Nr. 5: 0 0 0 1 1 1 1 1 1 1 # 0 1 1 1 1 0 0 0 0 0 0 0 1 0

Die Reststrings hinter den Markierungen werden nunmehr vertauscht und man erhält die neuen Strings

0 0 0 1 0 0 0 0 1 1 # 0 1 1 1 1 0 0 0 0 0 0 0 1 0
0 0 0 1 1 1 1 1 1 1 # 0 0 0 0 0 1 0 0 0 0 0 0 0 0

beziehungsweise, wenn die Markierungen weggelassen werden:

0 0 0 1 0 0 0 0 1 1 0 1 1 1 1 0 0 0 0 0 0 0 1 0
0 0 0 1 1 1 1 1 1 1 0 0 0 0 0 1 0 0 0 0 0 0 0 0

Wir haben zwei neue Chromosomen erzeugt, die man als Nachkommen (offsprings) bezeichnet. Diese Nachkommen besitzen einen Teil der Eigenschaften ihrer Eltern und haben daher in den meisten Fällen eine hohe Fitneß. In unserem Fall ist die Fitneß des ersten Nachkommen 6, die des zweiten 4.

Wir ersetzen also die Chromosomen Nr. 2 und 5 durch ihre Nachkommen. Zudem ersetzen wir das Chromosom Nr. 1 in Tabelle 6, welches die schlechteste Fitneß besitzt, durch Chromosom Nr. 5 aus Tabelle 6.

Wir erhalten die neue Population der Tabelle 7:

Nr.	Chromosom	Fitneß
1	0 0 0 1 1 1 1 1 1 1 0 1 1 1 1 0 0 0 0 0 0 0 1 0	4
2	0 0 0 1 0 0 0 0 1 1 0 1 1 1 1 0 0 0 0 0 0 0 1 0	6
3	0 0 1 1 0 0 1 1 1 0 1 0 1 1 1 1 0 0 0 1 0 1 1 0 1	1
4	1 0 1 1 0 0 0 1 1 1 0 0 0 0 1 1 1 0 0 1 1 1 0 1 1	2
5	0 0 0 1 1 1 1 1 1 1 0 0 0 0 0 1 0 0 0 0 0 0 0 0	4
6	0 0 0 1 0 0 0 0 1 0 0 0 0 0 1 0 0 0 0 1 0 0 0 0 0	3
		20

Tabelle 7: Dritte Generation, Gesamtfitneß: 20

Wie man sieht, hat sich die Gesamtfitneß auf 20 erhöht. Das Chromosom Nr. 2 stellt im übrigen eine Route mit optimaler Fitneß dar. Eine bessere Route existiert nicht. Die zu diesem Chromosom gehörende Route ist in Abbildung 17 dargestellt.

	A	B	C	D	E	F	G	H	I	J	K	L	M	N	O	P	Q	R	S
1	■	■	■	■					<>						<>				
2				■	■	■	■	■		<>							<>		
3								■											
4					<>			■	■	<>					<>				
5				<>					■						<>				
6									■										
7				<>					■						<>				
8					<>				■	■	■	■	■	■	■	■	■	■	■

Abb. 18: Die zum optimalen Chromosom Nr. 2 (Tabelle 7) mit der Fitneß 6 gehörende Route

Wir fassen die wesentlichen Elemente dieses Beispiels zusammen:

Die Basis bei genetischen Algorithmen bildet eine Population mit einer Menge von Chromosomen. Die Individuen einer Population werden durch genetische Operationen verändert. Zwei mögliche Operationen sind:

● Mutation

● Rekombination (Kreuzung, Crossover).

Nach jeder Veränderung vernichte man Chromosomen mit niedrigen Fitneß-Werten und ersetze sie durch Individuen mit hoher Fitneß (Reproduktion). Hierzu existieren Ersetzungsvorschriften auf stochastischer Basis, die noch beschrieben werden. Dies führt zur Operation der

● Reproduktion.

Die Reproduktion wirkt wie die Darwinsche Auslese der Individuen. Eine nur genetische Veränderung wie Mutation oder Kreuzung wäre nicht sehr wirkungsvoll, wenn in der Population das Überleben der fittesten Individuen und das Aussterben der weniger guten Chromosomen nicht gewährleistet wäre. Durch das Zusammenwirken aller genetischen Operationen einschließlich der Reproduktion wird erreicht, daß sich die durchschnittliche Fitneß einer Population von Generation zu Generation erhöht.

3.2.2 Ein mit Würfeln nachvollziehbares Beispiel

Wir betrachten alle Binärstrings mit 5 Bits, also z.B.

1 1 0 0 1 oder 1 1 0 0 0

Jeder String ist als Dualzahl auffaßbar und hat damit einen Dualwert. Der Dualwert von 1 1 0 0 1 ist zum Beispiel

$$w = 1 \cdot 2^4 + 1 \cdot 2^3 + 0 \cdot 2^2 + 0 \cdot 2^1 + 1 \cdot 2^0 = 25$$

Gesucht ist der Binärstring mit 5 Bits, dessen Dualwert am dichtesten bei 10 liegt.

Eine Lösung wäre mit dem Mutationsverfahren möglich, wenn man die Fitneß-Funktion definiert:

$$F(s) = -(d(s) - 10)^2$$

wobei $d(s)$ der Dualwert des Strings s ist. Das Maximum der Fitneß nimmt der String an, für den F(s) der 0 nahe kommt.

Wir lösen das Problem mit dem an der biologischen Evolution orientierten genetischen Algorithmus. Wegen der Begrenztheit der Aufgabe benötigen wir keinen Rechner.

Zunächst erstellen wir einige Zufallsstrings, wobei wir zur Fixierung der einzelnen Bits eine Münze werfen oder einen Würfel benutzen. Ein Versuch lieferte:

Nr.	String	Dualwert	Fitneß
1	1 0 1 0 0	20	− 100
2	1 1 1 1 1	31	− 441
3	0 0 0 1 1	3	− 49
4	0 1 0 0 0	8	− 4
5	0 1 1 0 1	13	− 9
Anfangspopulation			− 237,6

Die erhaltenen Strings bezeichnen wir als eine Population (Anfangspopulation). Wie man der Tabelle entnimmt, ist String Nr. 4 mit der Fitneß − 4 am besten, während String Nr. 2 die schlechteste Fitneß besitzt. Die Durchschnittsfitneß beträgt −237,6.

Wir führen eine Rekombination durch mit String Nr. 4 und String Nr. 5 als Eltern. Beide besitzen gute Fitneß-Werte, so daß die Nachkommen möglicherweise die Population verbessern. Wir ermitteln eine Zufallszahl z zwischen 1 und 4 und vertauschen die Reststrings ab Bit Nr. z. Wählen wir z = 3, ergibt sich:

Zu kreuzende Strings

0 1 0 : 0 0
0 1 1 : 0 1

Der Doppelpunkt markiert die Stelle, ab der gekreuzt wird. Nach der Kreuzung hat man:

0 1 0 : 0 1
0 1 1 : 0 0

bzw.

0 1 0 0 1
0 1 1 0 0

Die neuen Individuen besitzen die Fitneß-Werte −1 und − 4.

Die Mutationsrate wird bei genetischen Algorithmen im allgemeinen sehr klein angesetzt. Wir verändern lediglich ein Bit, indem wir dieses durch Zufall auswählen. Die Auswahl ergibt: Bit Nr. 5 im String Nr. 3, also die Veränderung:

0 0 0 1 1   →   0 0 0 1 0

Zur Reproduktion entfernen wir aus der Anfangspopulation das Individuum Nr. 2 mit der schlechtesten Fitneß − 441 und ersetzen es durch den durch Rekombination erhaltenen String 0 1 0 0 1 mit der Fitneß −1. Die neue Population lautet, wenn man zusätzlich die Eltern der Rekombination durch ihre Nachkommen ersetzt und das Ergebnis der Mutation berücksichtigt:

Nr.	String	Dualwert	Fitneß
1	1 0 1 0 0	20	− 100
2	0 1 0 0 1	9	− 1
3	0 0 0 1 0	3	− 64
4	0 1 0 0 1	9	− 1
5	0 1 1 0 0	12	− 4
Generation 2			− 170

Offenbar hat sich die Gesamtfitneß von − 237,6 auf − 170 erhöht.

Die Kreierung weiterer Generationen durch Rekombination, Mutation und Reproduktion würde die Gesamtfitneß weiter verbessern. Eine Rekombination von String Nr. 3 und String Nr. 4 ab Bit 2 würde z.B. ergeben:

Eltern	Nachkommen
0 0 0 1 0	0 0 0 0 1
0 1 0 0 1	0 1 0 1 0

Der String 0 1 0 1 0 hat dabei die Optimalfitneß 0. Die nächste Generation würde daher neben einer besseren Gesamtfitneß das gesuchte Chromosom enthalten.

3.3 Abgrenzung zum Mutations-Selektions-Verfahren

Der oben an Beispielen demonstrierte genetische Algorithmus orientiert sich an den Gesetzen der biologischen Evolution. Die wesentliche Erweiterung gegenüber den Selektionsverfahren ist die Einführung einer Population von Individuen, die genetischen Operationen ausgesetzt werden, bevor eine Reproduktion und damit eine Selektion erfolgt.

Die damit verbundene Erhöhung der Komplexität des Verfahrens, die sich in Rechenzeit und Programmieraufwand niederschlägt, garantiert eine wesentlich höhere Wahrscheinlichkeit, das globale Optimum der Fitneß aufzufinden. Das einfache Selektionsverfahren mit all seinen Varianten ist vergleichbar einem einsamen Wanderer auf der Suche nach möglichst hohen Bergspitzen. In den meisten Fällen wird er einen naheliegenden Berg erklimmen, wesentlich höhere Berge aber verpassen. Beim genetischen Algorithmus ist eine ganze Population von Wanderern unterwegs. Wenn Hunderte von Wanderern in den Alpen Berge erklimmen, wird mit nicht geringer Wahrscheinlichkeit mindestens einer von ihnen auf dem Matterhorn landen. Das Auffinden des globalen Optimums ist also beim genetischen Algorithmus wahrscheinlicher als beim Selektionsverfahren.

Weitere Vorteile bietet die genetische Operation der Rekombination. Besteht der zugrundeliegende Suchraum aus Zuständen mit hohem Informationsgehalt, also aus hochdimensionalen (im allgemeinen binärwertigen) Vektoren bzw. Strings, dann werden im Sinne der Fitneß wertvolle Strings möglicherweise Teilstrings enthalten, die den hohen Fitneßwert begründen. Ein Austausch dieser Teilstrings im Rahmen einer Rekombination kann dann zu neuen Individuen mit einer "Erbmasse" führen, welche die Fitneß erheblich verbessert.

Mutationen finden wie beim Selektionsverfahren statt, jedoch ist die Mutationsrate im allgemeinen klein. Würde man zu viele Mutationen gestatten, könnte sinnvolle in den Strings codierte Information schneller zerstört werden als sie aufgebaut wurde. Ist $p(R)$ die Wahrscheinlichkeit für eine Rekombination und $p(M)$ die einer Mutation, so sind zum Beispiel sinnvolle Raten: $p(R) = 0,6$ und $p(M) = 0,01$.

Die Reproduktion, also die Ersetzung schlechter Strings durch bessere, sollte probabilistisch erfolgen. Dies impliziert, daß grundsätzlich auch Individuen mit hoher Fitneß "vergessen" werden können, wenn auch mit geringer Wahrscheinlichkeit. Dies ist notwendig, damit lokale Maxima verlassen werden können.

3.4 Der Algorithmus

Der Begriff "Genetischer Algorithmus" ist nicht ganz eindeutig, es existieren verschiedene Varianten. Allerdings sind die Unterschiede unerheblich, so daß es genügt, die von Holland und seinen Mitarbeitern eingeführte Form des Algorithmus genauer zu betrachten und auf die Varianten später einzugehen.

Gegeben sei ein Menge M. Die Elemente von M bezeichnen wir als Individuen, Strings oder Chromosomen. Jedes Individuum sei eine Folge der Binärwerte 0 und 1, also zum Beispiel

0 0 1 1 1 0 1 0 1 1 1 0 0 1 0 1 0 1 0 0 1 1 1 1 0 0 1

Alle Strings besitzen die Länge s. Die Menge M bezeichnen wir als den Suchraum.

Eine Fitneß-Funktion f ordne jedem Element von M eine reelle Zahl zu, also

$f : M \rightarrow R$

Gesucht ist das Individuum r, für welches f(r) optimal wird. Sucht man ein Minimum, läßt sich durch die Substitution $f^{\wedge}(x) = - f(x)$ das Problem auf die Suche nach einem Maximum überführen. Wir können uns also auf Maxima beschränken.

Über Zufallszahlen produzieren wir N Individuen und fassen diese zu einer Menge P zusammen. P heißt Population, genauer: Anfangspopulation.

Individuen einer Population können durch genetische Operationen verändert werden. Wir betrachten zunächst Mutationen und Rekombinationen in der einfachsten Form. Komplexere Formen sowie weitere (untergeordnete) Operationen werden in Abschnitt 3.5 beschrieben.

- Mutation: Man wähle über Zufallszahlen ein Individuum der Population aus. Sodann bestimme man über eine weitere Zufallszahl eine Position (Bit) im Individuum und ändere 1 in 0 bzw. 0 in 1.

- Rekombination: Ab einer Position werden zwei Individuen miteinander gekreuzt (vgl. Abschnitt 3.2.1, auch Abb. 17).
  Die zu rekombinierenden Individuen werden per Zufall ausgewählt, wobei Individuen mit höherer Fitneß bei der Auswahl bevorzugt werden.

Individuen mit hoher Fitneß sollten überleben und in der neuen Generation vorkommen. Dies bewirkt die

● Reproduktion: Auf Grund der Fitneß wird ein Individuum ausgesucht, das bei der Kreierung der neuen Generation überleben soll, also der neuen Population hinzugefügt wird.

Das Konzept eines genetischen Algorithmus basiert darauf, daß in einem Iterationsverfahren bei jedem Schritt eine (oder mehrere) der genetischen Operationen ausgeführt werden. Die neu entstehenden Individuen werden zu einer neuen Population (Generation) zusammengefaßt. Dabei werden die jeweils durchzuführenden Operationen nach Wahrscheinlichkeiten ausgewählt.

Die Grundform des Algorithmus lautet:

[1] Wähle eine Anfangspopulation.

[2] Ermittle aus der Population durch genetische Operationen neue Individuen. Fasse diese Individuen zu einer neuen Population (Generation) zusammen.

[3] Fahre fort bei [2], falls das Abbruchkriterium nicht erfüllt ist.

Da die Reproduktion Individuen mit guter Fitneß bevorzugt, verbessert diese Operation die Durchschnittsfitneß einer Population. Die Populationen werden von Generation zu Generation besser.

Der Punkt [2] des obigen Algorithmus sei spezifiziert: Die Ermittlung einer neuen Generation erfolgt dadurch, daß per Zufall eine der Operationen Rekombination, Mutation und Reproduktion ausgewählt wird. Die dadurch erzeugten neuen Individuen werden in einer Menge P gesammelt. Dies wird so oft wiederholt, bis P in seinem Umfang Populationsgröße erreicht hat. P ist dann die neue Population bzw. Generation.

Die Auswahl der genetischen Operation geschieht probabilistisch. Jeder Operation wird eine Wahrscheinlichkeit (Rate) zugeordnet, und zwar

Rekombination: Wahrscheinlichkeit p(C) (C=Crossover)
Mutation: Wahrscheinlichkeit p(M)
Reproduktion: Wahrscheinlichkeit p(R)

Es ist p(C) + p(M) + p(R) = 1. Man bezeichnet:

p(C) = Rekombinationsrate
p(M) = Mutationsrate
p(R) = Reproduktionsrate

Dies führt auf den Algorithmus:

[1]   Wähle eine Anfangspopulation P mit N Individuen und defi-
      niere P' als die leere Menge.

[2]   Berechne für alle Individuen von P die Fitneß.

[3]   Führe eine der folgenden Operationen aus:

      Rekombination(mit Wahrscheinlichkeit p(C))
      Mutation(mit Wahrscheinlichkeit p(M))
      Reproduktion(mit Wahrscheinlichkeit p(R))
      (Es ist p(C) + p(M) + p(R) = 1).

[4]   Füge die neuen bzw. ausgewählten Individuen zur neuen Popu-
      lation P' hinzu.

[5]   Ist die Zahl der neuen Individuen kleiner als N, fahre fort bei
      [3], andernfalls weiter bei [6].

[6]   Die neugewonnen Individuen bilden eine neue Population P'.
      Prüfe Abbruchkriterium. Falls es nicht erfüllt ist, setze P = P'
      und fahre fort bei [2]. (Setze P' = leere Menge.)

[7]   Ermittle das Individuum mit höchster Fitneß als Lösung.

Die Abbildung 19 zeigt den Rechenverlauf des Algorithmus grafisch.
Wie bereits früher erwähnt, existieren verschiedene algorithmische Varianten, die aber in ihrer Grundstruktur dem oben angegebene Rechenverlauf entsprechen.

Der Algorithmus wird offenbar in seinem Ablauf bestimmt durch die
Populationsgröße N sowie durch die Raten p(M), p(C), p(R). Die Wahl
der Raten ist anwendungsbezogen, jedoch gibt es allgemeine heuristi-
sche Regeln, die man als Erfahrungsregeln bezeichnen könnte (vgl.
[Go89]):

• Die Populationsgröße liegt meist zwischen 50 und einigen hundert.

• Die Rekombinationsrate sollte größer als 0,5 sein (meist: 0,6).

• Die Mutationsrate sollte klein sein (vgl. oben). Ist N die Populationsgröße, empfiehlt sich $p(M) \leq 1/N$.

Offenbar handelt es sich um einen hochparallelen Algorithmus, so daß
eine Implementierung auf Parallelrechnern sinnvoll erscheint.

Die Codierung der Individuen ist im allgemeinen binär, d.h. für die Elemente der Strings sind nur 0 und 1 zugelassen. Dies hat u.a. historische
Gründe. Es gibt aber kein Verbot, auch andere Codierungen zuzulassen.

5

3.4 Der Algorithmus

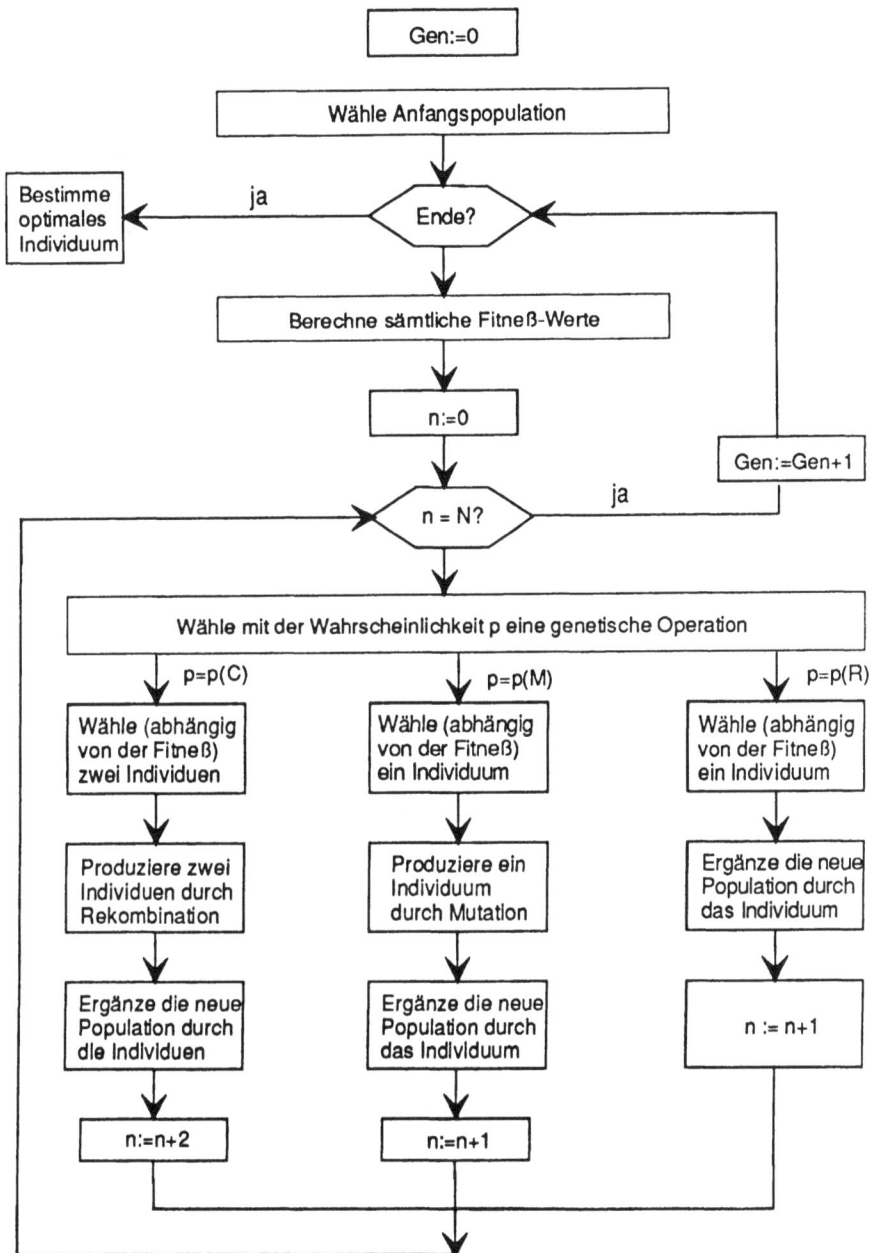

Abb. 19: Genetischer Algorithmus

So könnte man z.B. das Alphabet [0, 1, 2, 3] wählen, so daß Strings der Form

5

                                                                69

0 3 2 0 0 1 2 3 1 1 ...

entstehen. Natürlich lassen sich auch reelle oder ganzzahlige Zahlen verwenden.

Goldberg gibt in [Go89] eine Empfehlung: Man sollte das kleinste Alphabet wählen, welches das zu Grunde liegende Problem ausreichend repräsentieren kann.

In vielen Anwendungen geht es um die Suche nach Extremwerten, die bestimmte Nebenbedingungen (Constraints) erfüllen. Sucht man z.B. optimale Belegungszeiten für Maschinen, können die Ergebnisse nicht negativ sein, d.h. alle Parameter p(i) erfüllen die Nebenbedingung p(i) ≥ 0. Die Menge der Individuen im Suchraum müssen dann die Nebenbedingungen erfüllen.

Es gibt eine einfache Methode, bei der Bildung neuer Populationen den zulässigen Bereich nicht – oder kaum – zu verlassen. Man ordne jedem Individuum, welches nicht im zulässigen Bereich liegt, eine so schlechte Fitneß zu, daß es bald ausgesondert wird und damit langfristig nicht überleben kann.

3.5 Genetische Operationen

Die wichtigsten genetischen Operationen sind Rekombination, Mutation und Selektion. In diesem Abschnitt werden diese Operationen in ihren Eigenschaften und Varianten erläutert sowie weitere Operationen eingeführt.

3.5.1 Auswahlverfahren

Genetische Algorithmen verändern die Individuen durch genetische Operationen. Welche Individuen zu verändern sind, muß über ein an der Fitneß orientiertes Auswahlverfahren ermittelt werden. Das Auswahlverfahren muß sicherstellen, daß prinzipiell alle Individuen, auch die mit niedriger Fitneß, gewählt werden können, diese aber nur mit niedriger Wahrscheinlichkeit.

Derartige Auswahlverfahren werden im folgenden erläutert.

3.5.1.1 Das Roulette-Auswahl-Verfahren

Bei der Roulette-Auswahl (Roulette Wheel Parent Selection, Roulette Rad Auswahl) werden vorrangig Individuen mit hoher Fitneß ausgewählt. Genauer: Je höher die Fitneß, um so höher die Auswahlwahrscheinlichkeit. Die Methode orientiert sich an der Zahlenermittlung beim Roulettespiel und ist das am häufigsten eingesetzte Verfahren.

Es sei N die Zahl der Individuen in einer Population und $1 \leq j \leq N$ eine Zahl j. Zudem sei $f(j) = f(x(j))$ die Fitneß des Individuums Nr. j in der Population. Dann definieren wir die totale Fitneß durch

$$F(k) := \sum_{j=1}^{k} f(j))$$

Offenbar ist F(k) abhängig von k, wobei k eine natürliche Zahl zwischen 1 und N ist.

Man produziere eine Zufallszahl z zwischen 1 und F(N) (= Summe aller Fitneß-Werte der Population). Sodann wähle man das Individuum p mit der Bedingung

$$F(p-1) \leq z < F(p)$$

Das Individuum p gilt dann als ausgewählt.

Das Verfahren läßt sich grafisch veranschaulichen: In einen Kreis (Abbildung 20) zeichne man für jedes Individuum einen Sektor, dessen Flächengröße proportional der Fitneß ist. Läßt man eine Kugel entlang der Kreisperipherie (wie beim Roulette) laufen mit der Bedingung, daß sie irgendwann stehenbleibt, ist die Zahl, in dessen Sektor sie hineinlief, die ausgewählte Zahl.

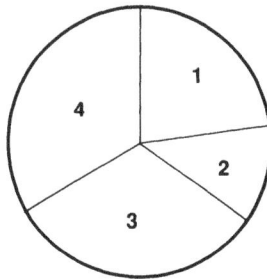

Abb. 20: Das Roulette-Auswahlverfahren: die Flächen der Sektoren entsprechen den Fitneß-Werten der Individuen (hier: Individuum Nr. 1, 2, 3, 4). Eine auf der Kreisperipherie rotierende Kugel fällt in einen Sektor mit der Nummer j und hat damit Individuum Nr. j ausgewählt.

Im folgenden Beispiel sind neun Individuen mit ihren Fitneß-Werten sowie der totalen Fitneß eingetragen. Die letzten beiden Zeilen geben die Zufallszahl z und das z zugeordnete und damit nach der Roulette-Methode ausgewählte Individuum an.

Beispiel zum Roulette-Auswahl-Verfahren:

Individuum Nr.		1	2	3	4	5	6	7	8	9
Fitneß f(x):		4	2	3	1	7	3	5	2	7
Totale Fitneß F(p):		4	6	9	10	17	20	25	27	34
Zufallszahl:	12	5		18	21	10	31			
Ausgewähltes Individuum:		5	2		6	7	5	9		

Offenbar werden bei diesem Verfahren Individuen mit hoher Fitneß oft und solche mit niedriger Fitneß selten ausgewählt. Der Nachteil des Verfahrens: alle Fitneß-Werte müssen positiv sein.

Die folgende Abbildung zeigt ein Pascal-Listing zur Programmierung zum Roulette-Auswahl-Verfahren.

```
/* Roulette Auswahl */
sum:=0.0;
for i:=1 to pop do
begin
  sum:=sum+fit[i]
  fit_sum[i]:=sum;
end;

r:=sum*random;
j:=1;
while (fit_sum[j]<r) do
    j:=j+1;
Pop_neu[index]:=Pop_alt[j];
```

Abb. 21: Selektion eines Individuums nach der Roulette-Methode. (pop = Populationsgröße, fit[i] = Fitneß von Individuum i, random = Zufallszahl zwischen 0 und 1, index = Indexposition des neuen Individuums).

3.5.1.2 Auswahl durch Zufallszahlen

Ein weiteres Auswahlverfahren besteht in der folgenden Vorschrift:

Man ermittle über gleichverteilte Zufallszahlen zwei Individuen und wähle das Individuum aus, welches die höhere Fitneß besitzt.

Dieses Verfahren selektiert wie das Roulette-Verfahren in Richtung einer besseren Fitneß, hat aber darüber hinaus den Vorteil, daß zu Beginn einer Iteration nicht alle Fitneß-Werte ausgerechnet werden müssen, sondern nur die der zu vergleichenden Individuen. Dies führt bei großen Populationen zu Rechenzeiteinsparungen.

3.5.1.3 Lineares Ranking

Für Max + Min = 2 ist

$$p_i = \left(Max - (Max - Min) \cdot \frac{i-1}{N-1} \right) / N \qquad (i=1, 2, \dots N)$$

eine Wahrscheinlichkeitsdichte in der Form der Abbildung 22.

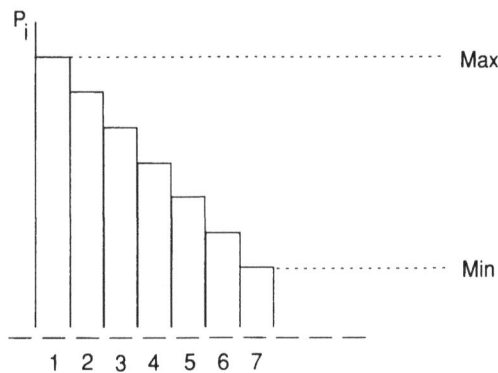

Abb. 22: Wahrscheinlichkeiten beim linearen Ranking

Ist $F(k) := \sum_{i=1}^{k} p_i$ die Verteilungsfunktion, so stellt die folgende Vorschrift eine fitneßorientierte Auswahl dar:

[1] Sortiere die Individuen der Population nach Fitneß-Werten in absteigender Folge (d.h. die Individuen mit hoher Fitneß als erste, zuletzt die mit der niedrigsten Fitneß).

[2] Wähle eine Zufallszahl $0 \le z \le 1$ und ermittle die Zahl j, für die $F(j-1) \le z < F(j)$.

[3] Das Individuum Nr. j gilt als ausgewählt.

Das Auswahlverfahren bevorzugt Individuen mit hoher Fitneß. Wählt man nämlich eine Zufallszahl z zwischen 0 und 1 und trägt diese auf der F(k)-Achse der Abbildung 23 ab, die die Kurve der Verteilungsfunktion F (k) darstellt, so liegt die zugehörige Zahl k im Durchschnitt näher bei 0 als bei N, was eine höhere Fitneß bedeutet.

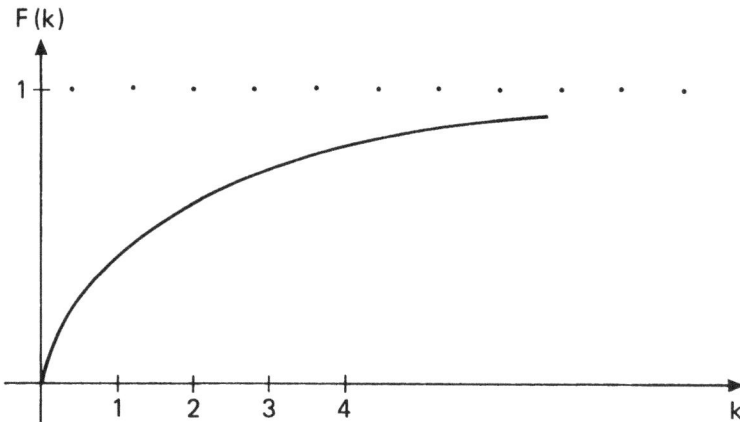

Abb. 23: Verteilungsfunktion F(k)

3.5.1.4 Die (N,μ)-Selektion

Bei diesem Verfahren werden grundsätzlich nur die μ besten Individuen aus der Population mit dem Umfang N zur Auswahl zugelassen. Aus den μ besten Strings wird mit der Wahrscheinlichkeit p = 1/μ ein String ausgesucht. Die Realisierung des Verfahrens ist die folgende:

[1] Sortiere die Individuen der Population nach Fitneß-Werten in absteigender Folge (d.h. die Individuen mit hoher Fitneß als erste, zuletzt die mit der niedrigsten Fitneß).

[2] Suche eine Zufallszahl z zwischen 1 und μ.

[3] Das Individuum Nr. z gilt als ausgewählt.

Im Gegensatz zu den früher beschriebenen Auswahlverfahren haben Individuen mit geringer Fitneß keine Überlebenschance. Dies impliziert eine schnellere Konvergenz, hat aber auch Nachteile, auf die im folgenden Abschnitt eingegangen wird.

3.5.2 Vergleichende Aussagen zu den Selektionsverfahren

Offenbar stellt die (N,μ)-Selektion eine harte Selektionsbedingung dar: Individuen mit schwacher Fitneß haben keine Überlebenschance. Nur die besten gehen in die nächste Generation ein. Man spricht in diesem Zusammenhang von einem hohen Selektionsdruck.

Vergleichen wir andere Verfahren wie etwa die Roulette-Auswahl, so besitzen auch hier Individuen mit guter Fitneß eine hohe Überlebenschance, aber auch schlechtkonditionierte Strings können grundsätzlich in die nächste Generation eingehen. Der Selektionsdruck ist geringer. Natürlich kann es hier geschehen, daß ein Chromosom mit hoher Fitneß gelöscht wird und in der nächsten Generation nicht mehr zur Verfügung steht. Dies ist aber wünschenswert, wenn die Wahrscheinlichkeit für ein solches Ereignis klein ist, denn nur das garantiert, daß lokale Extrema verlassen werden können.

Welche Konsequenzen ergeben sich aus den verschiedenen Ansätzen zur Selektion? Ist der Selektionsdruck hoch, überleben also nur Individuen mit hoher Fitneß, wird das Niveau der Fitneß von Generation zu Generation schnell wachsen, haben wir eine hohe Konvergenzgeschwindigkeit. Allerdings werden die Populationen gezwungen, sich auf die jeweils nächstliegenden Extrema zuzubewegen. Das globale Extremum wird bei dieser Methode leicht verpaßt. Grundsätzlich sorgen zwar Mutation und Rekombination dafür, daß der Weg nicht verbaut wird, jedoch ist die Wahrscheinlichkeit, das globale Optimum zu finden, geringer als bei den weichen Verfahren.

Ist der Selektionsdruck gering (z.B. Roulette-Methode), können Wege in Richtung lokaler Extrema leichter verlassen werden, das Gesamtverfahren ist sicherer, konvergiert aber auch langsamer.

3.5.3 Rekombination

Es existieren verschiedene Varianten, die nachfolgend beschrieben werden.

3.5.3.1 Ein-Punkt-Rekombination

Über ein Auswahlverfahren (z.B. Roulette-Selektion) werden zwei Individuen ausgewählt (Eltern, parents). Über eine Zufallszahl wird eine natürliche Zahl z bestimmt, die kleiner oder gleich die Dimension der Vektoren ist.

Danach werden die Koordinaten ab Nr. z bis zum Vektorende bei beiden Vektoren vertauscht. Die neuen Vektoren heißen "Nachkommen" (offsprings).

Das folgende Beispiel zeigt eine Rekombination, bei der ab dem 7-ten Bit gekreuzt wurde.

Beispiel: Rekombination für $z = 7$

Eltern	z	Nachkommen
0 1 1 1 0 1 0 1 1	7	0 1 1 1 0 1 1 1 0
1 0 1 0 0 0 1 1 0		1 0 1 0 0 0 0 1 1

3.5.3.2 Zwei-Punkt-Rekombination

Es werden über Zufallszahlen zwei Zahlen $z1$ und $z2$ bestimmt und die Überkreuzung zwischen $z1$ und $z2$ durchgeführt.

Beispiel:

```
Elter 1:      0 1 1 | 0 0 1 1 0 | 1 0 1 0 0
Elter 2:      1 0 1 | 1 1 0 0 0 | 1 0 1 1 0


Nachkommen:   0 1 1 | 1 1 0 0 0 | 1 0 1 0 0
              1 0 1 | 0 0 1 1 0 | 1 0 1 1 0
```

Zwei-Punkt-Rekombination für $z1 = 4$ und $z2 = 8$

3.5.3.3 Gleichmäßige Rekombination (Uniform Crossover)

Bei dieser Rekombination wird über Zufallszahlen ein Hilfsvektor (Template) produziert. Man schreibe diesen unter die Eltern und befolge die folgende Regel: Vertausche die über einem Element des Hilfsvektors stehende Spalte genau dann, wenn der Template-Vektor eine 0 besitzt (bei 1 lasse die Spalte unverändert).

Beispiel:

```
Elter 1:       0 1 1 0 0 1 1 0 1 0 1 0 0
Elter 2:       1 0 1 1 1 0 0 0 1 0 1 1 0

Template:      1 0 0 1 0 1 1 0 0 1 1 1 0

Nachkomme 1:   0 0 1 0 1 1 1 0 1 0 1 0 0
Nachkomme 2:   1 1 1 1 0 0 0 0 1 0 1 1 0
```

Für viele Anwendungen ist diese Art der Crossover nicht brauchbar, da bei Ein-Punkt- oder Zwei-Punkt-Rekombination Eigenschaften einer guten Fitneß erhalten bleiben, bei gleichmäßiger Rekombination aber nicht. G. Syswerda konnte aber zeigen, daß es Anwendungen gibt, wo diese Art von Rekombination sinnvoll ist ([Sy89]).

3.5.3.4 Intermediäre Rekombination

Diese Art der Rekombination ist nicht für binärwertige Vektoren anwendbar. Die Elemente der Chromosomen müssen reelle Zahlen sein. Man geht aus von den Eltern und bildet nur einen Nachkommen, der dadurch entsteht, daß die Elemente der Eltern gemittelt werden.

Beispiel:

Elter 1:	0,6	4,3	2,4	− 1,8	5,6
Elter 2:	2,7	9,3	− 6,4	1,8	0,6
Nachkomme: (gerundet)	1,7	6,8	2,0	0,0	3,2

3.5.3.5 PMX-Rekombination

Es existieren Anwendungen, bei denen die Elemente (Gene) eines Individuums nicht mehrfach vorkommen dürfen. Ein einfaches Beispiel ist das bereits früher betrachtete TSP-Problem (Travelling Salesman Problem): Ein Handlungsreisender hat in einer Rundreise N Städte so anzufahren, daß die Gesamtroute minimal wird. Ordnet man jeder der zu besuchenden Städte eine der Zahlen 1, 2, 3, ... N zu, repräsentiert jede Permutation dieser Zahlen eine Rundreise.

Betrachten wir zwei mögliche Routen:

```
1 4 2 ° 3 7 6 ° 9 5 8
3 7 5 ° 6 1 9 ° 2 4 8
```

Würden wir zwischen den Markierungen eine Zwei-Punkt-Rekombination durchführen, erhielten wir

```
1 4 2 ° 6 1 9 ° 9 5 8
3 7 5 ° 3 7 6 ° 2 4 8
```

als Nachkommen. Diese Strings sind aber unzulässig, weil Zahlen und damit Städte mehrfach vorkommen. Eine einfache Reorganisation in den Strings hebt diesen Nachteil auf: Man vertausche in jedem der beiden Strings die Zahlen, die bei der Rekombination bereits vertauscht wurden, also 6 ↔ 3, 1 ↔ 7, 9 ↔ 6. Dies allerdings nur, wenn die Zahlen außerhalb der Markierungen stehen und insgesamt doppelt vorkommen. Man erhält:

```
7 4 2 ° 6 1 9 ° 3 5 8
9 1 5 ° 3 7 6 ° 2 4 8
```

Diese Vertauschungen können auch mehrfach hintereinander notwendig werden, z.B.: 9↔6, 6↔3. Es wird nämlich solange vertauscht, bis an Stelle der alten Zahl eine andere steht, die sich nicht im Rekombinationsteil (markierten Teil) befindet.

Wie man sieht, wurden im Beispiel zwei neue Routen gefunden. Diese Art der Rekombination bezeichnet man als PMX-Crossover (Partially matched Crossover).

3.5.4 Mutation

Bei Individuen mit p Bits und einer Population des Umfanges N ermittle man zwei Zufallszahlen i und j mit $1 \leq i \leq N$ und $1 \leq j \leq p$ und verändere das Bit Nr. j im Individuum Nr. i.

Wie bereits früher erwähnt, ist die Mutationsrate klein anzusetzen, da Mutationen sinnvolle Information zerstören können. Andererseits kann man auf Mutationen nicht verzichten, denn sie helfen, von lokalen Extrema wegzukommen. Mutationen können völlig neue Aspekte, neue Richtungen in den Generationsprozeß einbringen. Mutationen garantieren eine Irreversibilität im Entwicklungsprozeß der Generationen.

3.5.5 Inversion

In [Ba67] wird ein Operator benutzt, der die Reihenfolge der Bits umkehrt und daher als Inversion bezeichnet wird.

Es werden über Zufallszahlen zwei Zahlen k < n ausgewählt und in einem beliebigen Chromosom alle Elemente zwischen k und n invertiert.

Beispiel:

Der String $1\ 0\ 0_\wedge 1\ 0\ 1\ 1\ 0\ 0_\wedge 0\ 1\ 0$

geht, wenn man zwischen den markierten Bits invertiert, über in

$$1\ 0\ 0_\wedge 0\ 0\ 1\ 1\ 0\ 1_\wedge 0\ 1\ 0$$

3.6 Dekodierung

Die Individuen einer Population setzen sich meistens aus den Binärzahlen 0 und 1 zusammen. Im allgemeinen wird aber das zu optimierende Objekt durch reelle Zahlen charakterisiert. Daraus entsteht die Frage, wie reelle Zahlen durch die Binärfolgen der Chromosomen codiert werden können. Im folgenden wird ein mögliches Verfahren vorgestellt:

Sollen die binärwertigen Individuen reelle Zahlen aus dem Intervall $a \leq x \leq b$ repräsentieren, hat eine Umwandlung zu erfolgen. Sei

$$z_1\ z_2\ z_3\ \dots\ z_n$$

eine Binärfolge. Als Dualzahl steht sie für die ganze Zahl

$$N = \sum_{j=1}^{l} z_j \cdot 2^{j-1}$$

wobei l die Länge der Folge ist.

Die Transformation

$$r(z_1, z_2, \ldots z_n) = a + \frac{b-a}{2^l - 1} \cdot N$$

überführt dann die Binärfolge $z_1, z_2, \ldots z_n$ in eine reelle Zahl im Intervall $[a, b]$. Als Beispiel betrachte man die Abbildung 24.

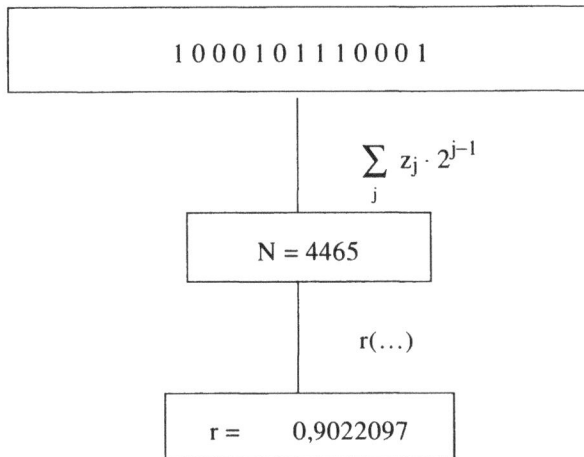

Abb. 24: Dekodierung der Folge 1000101110001 im Intervall $[-10, 10]$. Man erhält die reelle Zahl 0,9022097

3.7. Diploidie und Dominanz

Die meisten Pflanzen und praktisch alle Tiere sowie der Mensch besitzen in den Zellen einen doppelten Chromosomensatz (Diploidie). Die doppelte Auslegung aller Eigenschaften und Charakteristika eines Lebewesens führt möglicherweise zu mehr Konsistenz und Stabilität im Erhalt der Populationen. Sind alle Eigenschaften doppelt ausgelegt, kann nur eine der beiden phänomenologisch in Erscheinung treten, die andere bleibt im Hintergrund. Letztere heißt "rezessiv", die andere "dominant". Liegen etwa für die Haarfarbe die Farben schwarz und blond vor und ist schwarz dominant, besitzt der Träger schwarze Haare. Die blonde Farbe (rezessiv) tritt nicht in Erscheinung, kann aber weitervererbt werden.

Es liegt nahe, diese Vorgabe der Natur algorithmisch dahingehend umzusetzen, daß jedes Individuum einer Population durch zwei Strings (Chromosomen) charakterisiert ist. Allerdings muß dann festgelegt werden, welche Bits als dominant und welche als rezessiv zu betrachten sind.

Hier existieren verschiedene Ansätze. So kann man z.B. einen String als dominant und den anderen als rezessiv erklären. Durch Rekombination erfolgt von Zeit zu Zeit der Informationsaustausch. In anderen Arbeiten wurde für jedes Bit einzeln festgelegt, welches der beiden vorliegenden Bits dominant sein soll.

Da die weitaus meisten Anwendungen nicht mit diploiden, sondern nur mit einfachen (haploiden) Chromosomensätzen arbeiten, sei an dieser Stelle statt einer ausführlichen Erörterung lediglich auf die entsprechende Literatur verwiesen ([Ba67], [Go89], [Ho71]).

3.8 Konvergenzsätze

3.8.1 Konvergenzsätze allgemeiner Art

J. H. Holland, der Vater der genetischen Algorithmen, formulierte einige Konvergenzsätze. Auf diese und auf weitere Aussagen sei im folgenden eingegangen.

Wählt man aus einer Population eine Teilmenge N aus und berechnet die Durchschnittsfitneß f(N) aller Elemente aus N, berechnet man zudem die Durchschnittsfitneß f(P) der gesamten Population, so gibt der Quotient f(N) / f(P) die Wahrscheinlichkeit an, daß ein Element aus N in der nächsten Generation wieder vorkommt. Der entsprechende Satz lautet:

Satz 3.1:

Voraussetzung: P = Population mit n Elementen.
N = Teilmenge von P.
f(N) = mittlere Fitneß aller Elemente aus N.
f(P) = mittlere Fitneß aller Elemente aus P1.

Behauptung: Die Wahrscheinlichkeit, daß ein Element aus N in der nächsten Generation enthalten ist (überlebt), ist bei der Roulette-Auswahl

$$p = \frac{f(N)}{f(P)}$$

Beweis: Trägt man die Fitneß F(j) aller Elemente aus P auf einer Geraden ab (Abb. 25), so ist bei der Roulette-Auswahl die gesuchte Wahrscheinlichkeit gleich der Summe der Strecken auf der Geraden, deren Elemente zu N gehören, dividiert durch die Länge der Gesamtstrecke (geometrische Wahrscheinlichkeit).

Abb. 25: Fitneß-Werte für Element 1, 2, ..., aufgetragen auf einer Geraden

Der Satz zeigt, daß Mengen von Individuen mit hoher Fitneß eine gute Chance besitzen, sich in der nächsten Generation wiederzufinden. Dies zeigt die Auswahl der besseren Individuen beim Generationenwechsel. Allerdings berücksichtigt der Satz weder die Mutation noch die Rekombination, er bezieht sich lediglich auf die Roulette-Selektion.

Als Folgerungen des Satzes 3.1 ergeben sich zwei Aussagen:

[1] Die wahrscheinliche Anzahl der Elemente von N in der nächsten Generation ist

$$n' = \frac{f(N)}{f(P)} \cdot n$$

[2] Die Zahl der Elemente mit hoher Fitneß nimmt im Laufe der Populationsbildung (Generationen) zu.

Die im folgenden formulierten Sätze sind mehr heuristischer Art. Grundsätzlich hat jedes mögliche Chromosom die Chance, in die Population aufgenommen zu werden. Dafür sorgt allein schon die Mutation, die – wenn auch mit geringer Rate – jedes beliebige Bit beliebig verändern kann. Strings mit hoher Fitneß haben darüberhinaus auch eine hohe Wahrscheinlichkeit, in die Population zu geraten. Dies garantiert die Methode der Reproduktion, die sich an hohen Fitneß-Werten orientiert. Bei einer hohen Zahl von Generationswechseln ist daher die Wahrscheinlichkeit, daß ein String mit hoher Fitneß – z.B. das globale Maximum – erreicht wird, nahe bei 1. Lassen wir die Zahl der Generationen gegen unendlich gehen, wird die Wahrscheinlichkeit im Grenzwert 1.

Anders ausgedrückt: Gegeben sei der String, der dem globalen Maximum entspricht. Läßt man die Zahl g der Generationen beliebig anwachsen, wird – zumindest durch Mutation – dieser String irgendwann erreicht.

Daß g dabei so riesig werden kann, daß es praktisch nicht realisierbar ist, macht die Aussage für den Praktiker wertlos. Daher hat der folgende Satz nur theoretische Bedeutung:

Satz 3.2:

Die Wahrscheinlichkeit, daß das globale Maximum der Fitneß erreicht wird, hat im Grenzwert für g → ∞ den Wert 1 (g = Zahl der Generationen).

3.8.2 Konvergenzsätze für Schemata

Wir betrachten alle 5-stelligen binären Strings

$$x = a_1 a_2 a_3 a_4 a_5$$

und ordnen ihnen als Fitneß die Zahl

$$f(x) = \sum_j a_j \cdot 2^j$$

zu, also den dualen Zahlenwert. Die Fitneß-Werte liegen zwischen den Zahlen 0 (für 00000) und 31 (für 11111). Wie man leicht nachrechnen kann, hat die durchschnittliche Fitneß aller möglichen 32 binären Strings den Wert 15,5.

Betrachten wir nur die Strings, die mit 1 beginnen, so liegt der Durchschnittswert dieser Stringmenge – wie man leicht nachrechnet – bei 23,5. Binärfolgen, die mit 11 beginnen, die also wie

[1]   1 1 * * *

strukturiert sind, wobei für * entweder die 0 oder die 1 steht, besitzen die Durchschnittsfitneß 27,5.

Eine Anordnung wie in [1] bezeichnet man als "Schema". Bei einem Schema sind für einige Bits Platzhalter (Symbol: *) eingesetzt, die man entweder durch 1 oder durch 0 ersetzen kann. Das Symbol arbeitet also wie ein "don't care". Ein Schema ist damit eine *Menge* von Individuen bzw. Strings.

Das Schema

* 1 0 0 * * 0

steht z.B. für die Individuenmenge

0 1 0 0 0 0 0
0 1 0 0 0 1 0
0 1 0 0 1 0 0
0 1 0 0 1 1 0
1 1 0 0 0 0 0
1 1 0 0 0 1 0
1 1 0 0 1 0 0
1 1 0 0 1 1 0

Das Schema [1] besitzt eine durchschnittliche Fitneß von 27,5, während die Gesamtheit aller 5-stelligen Strings den Durchschnittswert 15,5 aufbringt. Die Individuen des Schemas sind damit deutlich besser.

Bei der Suche nach optimalen Individuen in einer Population sind die fitneß-guten Individuen oft dadurch charakterisiert, daß sie einem Schema angehören. Eine evolutionsgemäße Reproduktion sollte Elemente eines solchen Schemas in der Fortpflanzung bevorzugen und den Anteil der zum Schema gehörenden Individuen vergrößern. Daß dies bei bestimmten Reproduktionsmethoden der Fall ist, soll im folgenden nachgewiesen werden.

Zunächst definieren wir die folgenden Begriffe:

Definition 3.1

[1] Ein Schema ist eine Folge, bestehend aus den Gliedern 0, 1 oder *.

[2] Ein Element eines Schemas entsteht, wenn man jedes * durch 0 oder 1 ersetzt.

[3] o(H) ist die Zahl der Einsen und Nullen eines Schemas H und heißt "Ordnung des Schemas H".

[4] δ(H) ist die Differenz zwischen der Position des letzten Gliedes, welches 0 oder 1 ist, und der Position des ersten Gliedes dieser Art und heißt "Länge des Schemas".

Ist zum Beispiel H = * 1 * * 0 0 * 1 *, dann ist

o(H) = 4
δ(H) = 8 – 2 = 6

Ist l die Gesamtlänge eines Strings, dann besitzt ein Schema insgesamt

$$m = 2^{l-o(H)}$$

Elemente. Die Zahl aller möglichen Schemata bei der Stringlänge l ist

$$z = 3^l$$

Für eine Population definieren wir:

Definition 3.2:

[1] Es sei n(P) die Zahl der Individuen einer Population P und f(i) die Fitneß des Elementes Nr. i in der Population P.

[2] $f(p) := \sum_{i \in P} f(i)/n(P)$ heißt "mittlere Fitneß der Population".

[3] Es sei n(H) die Zahl der Individuen eines Schemas.

[4] $f(H) := \sum_{i \in H} f(i)/n(H)$ heißt "mittlere Fitneß des Schemas H".

Im folgenden geht es um das Vererbungspotential eines Schemas von einer Generation zur nächsten. Es zeigt sich, daß die mittlere Fitneß f(H) über die Vermehrung oder das Aussterben eines Schemas entscheidet. Ist nämlich f (H) größer als die mittlere Fitneß f (P) der Population, vermehren sich die Elemente von H, andernfalls sterben sie aus. Selbst wenn sich nur ein Element eines Schemas in einer Population befindet und dieses eine überdurchschnittliche Fitneß besitzt, wird es sich vermehren, die Anteile des übergeordneten Schemas wachsen.

Eine formal formulierte Aussage liefert der folgende Satz 3.3. Allerdings liegt hier die idealisierte Annahme zugrunde, daß nur Reproduktionen, also keine Mutationen und Rekombinationen erfolgen.

Satz 3.3:

Es sei n(H,t) die Zahl der Individuen des Schemas H zur Generation t. Dann gilt, falls nur probabilistische Reproduktionen (Roulette-Auswahl) erfolgen:

$$n(H,t+1) = n(H,t) \cdot f(H)/f(P)$$

Hier ist n(H,t+1) die Zahl der Schemaelemente bei der nächsten Generation t+1. (Die Zahlen n(H,t) sind als Erwartungswerte zu verstehen.)

Beweis: Bei der Roulette-Methode ist

$$p_i = f(i) / \sum_k f(k)$$

die Wahrscheinlichkeit, mit der das Individuum i für die nächste Generation ausgewählt wird. Dann ist

$$p(H) = \sum_{i \in H} f(i) / \sum_k f(k)$$

die Auswahlwahrscheinlichkeit für die Elemente des Schemas H, die in der Population P sind. Offenbar ist n(H,t+1) = p(H) $\cdot$ n(P), daraus folgt:

$$n(H,t+1) = p(H) \cdot n(P) = \left(\sum_{i \in H} f(i) / \sum_k f(k) \right) \cdot n(P)$$

$$= \frac{\left(\sum_{i \in H} f(i) \right) / n(H)}{\left(\sum_k f(k) \right) / n(P)} \cdot n(H) = \frac{f(H)}{f(P)} \cdot n(H,t)$$

Obiger Satz besagt, daß die Zahl der Elemente eines Schemas von Generation zu Generation anwächst, wenn die Durchschnittsfitneß der

Schemaelemente größer ist als die Durchschnittsfitneß der gesamten Population, wenn also

$$f(H) > f(P) \qquad \text{bzw.} \qquad \frac{f(H)}{f(P)} > 1$$

Genetisch besonders gut konditionierte Elementgruppen setzen sich bei der Reproduktion durch, sie durchsetzen die Population immer mehr. Dieses "Durchsetzen" erfolgt exponentiell mit wachsendem t. Ist nämlich

$$f(H) > \alpha \cdot f(P)$$

mit $\alpha > 1$, dann ergibt sich aus Satz 3.3:

$$n(H,t+1) = n(H,t) \cdot f(H) / f(P) > \alpha \cdot n(H,t)$$

und daraus folgt durch sukzessives Einsetzen:

$$n(H,t+1) = n(H,t) > \alpha^t \cdot n(H,0)$$

Satz 3.3 bezieht sich ausschließlich auf die Reproduktion, beachtet also Rekombinationen und Mutationen nicht. Im folgenden soll die Formel aus Satz 3.3 dahingehend erweitert werden, daß Rekombinationen mit eingeschlossen sind.

Wir betrachten das Schema

$$* * * 1 * 0 * 1 1$$

sowie den Vertreter des Schemas

$$1 0 0 \mid 1 1 0 0 1 1$$

und ein weiteres Individuum

$$0 0 0 \mid 1 0 1 1 0 1$$

welches nicht Element des Schemas ist. Hier wurden Markierungen nach dem dritten Bit angebracht. Ab diesen Markierungen soll rekombiniert werden. Man erhält aus den beiden letzten Strings:

$$1 0 0 \mid 1 0 1 1 0 1$$
$$0 0 0 \mid 1 1 0 0 1 1$$

Offenbar ist der zweite Nachkomme Element des Schemas, die Zahl der Elemente des Schemas wurde also nicht verringert.

Hätten wir dagegen nur die letzten beiden Bits vertauscht, also die Nachkommen

$$1 0 0 1 1 0 0 0 1$$
$$0 0 0 1 0 1 1 1 1$$

erzeugt, wären beide Nachkommen nicht Elemente des Schemas, die Zahl der Schemaelemente verringerte sich um eins.

Bezeichnen wir den Bereich eines Schemas von dem ersten Element, welches 0 oder 1 ist, bis zum letzten Element dieser Art als "Feld", dann ist das Feld des obigen Schemas

* * * [1 * 0 * 1 1]

der eingeklammerte und unterstrichene Bereich. Bringt man nun die Markierung, ab der rekombiniert wird, außerhalb des Feldes an, muß – wie man leicht einsieht – mindestens einer der Nachkommen den Schemavorschriften genügen, da das Feld erhalten bleibt. Der Umfang des Schemas verringert sich nicht. Setzt man dagegen die Markierung im Feld an, sind möglicherweise beide Nachkommen schemakonträr, der Schemaumfang verringert sich.

Im Feld existieren genau $\delta(H)$ Markierungsmöglichkeiten ($\delta(H)$ = Länge des Schemas, siehe Definition 3.1, (4)). Im gesamten String gibt es $s-1$ Markierungsmöglichkeiten, wenn s die Länge des Strings ist. Also ist die Wahrscheinlichkeit, daß die Rekombinationsmarkierung außerhalb des Feldes liegt,

$1 - \delta(H) / (s-1)$

Daraus ergibt sich für die Wahrscheinlichkeit p, daß die Zahl $n(H,t)$ (siehe Satz 3.3) sich durch Rekombination nicht verringert:

$p \geq 1 - \delta(H) / (s-1)$

Mit Satz 3.3 erhält man

$n(H,t+1) \geq p \cdot n(H,t) \cdot f(H) / f(P)$

bzw.

$n(H,t+1) \geq (1 - \delta(H) / (s-1)) \cdot n(H,t) \cdot f(H) / f(P)$

Bei dieser Formel wurden Reproduktion und Rekombination zugelassen. Bei der Rekombination allerdings wurde nicht berücksichtigt, daß nur ein Teil der Individuen zur Rekombination gelangen. Ist die Rekombinationswahrscheinlichkeit p(R) (im allgemeinen ca. 60 %), so geht obige Formel über in

$n(H,t+1) \geq (1 - p(R) \cdot \delta(H) / (s-1)) \cdot n(H,t) \cdot f(H) / f(P)$

Dies führt auf den

Satz 3.4:

Es sei n(H,t) die Zahl der Individuen des Schemas H zur Generation t. Zudem sei:

f(H)   : mittlere Fitneß des Schemas H

f(P)   : mittlere Fitneß der Population P

δ(H) : Länge des Schemas

s   : Länge der Populationsindividuen

p(R)   : Rekombinationsrate

Es erfolgen nur Reproduktionen und Rekombinationen. Dann gilt:

$$n(H,t{+}1) \geq n(H,t) \cdot \frac{f(H)}{f(P)} \cdot (1 - p(R) \cdot \delta(H) / (s{-}1))$$

(Die Zahlen n(H,t) sind als Erwartungswerte zu verstehen.)

Aus Satz 3.4 kann man ableiten: Ein Schema innerhalb einer Population wächst, falls

$$\frac{f(H)}{f(P)} \cdot (1 - p(R) \cdot \delta(H) / (s - 1)) > 1$$

bzw.

$$f(H) \cdot (1 - p(R) \cdot \delta(H) / (s - 1)) > f(P)$$

Vergrößerung eines Schemas setzt also wie bei Satz 3.3 voraus, daß die mittlere Fitneß des Schemas größer als die mittlere Fitneß der Population sein muß. Dies ist jedoch nur notwendig, nicht hinreichend. Es gehen nämlich noch die Wahrscheinlichkeit p(R) und die Schemalänge δ(H) ein. Günstig für exponentielles Wachstum ist offenbar, wenn δ(H) klein ist.

Für eine vollständige Konvergenzaussage fehlt noch der Einfluß der Mutation. Ein Schema besitzt o(H) feste Positionen (vgl. Definition 3.1, (3)). Eine Mutation verursacht die Eliminierung eines Individuums aus einem Schema H, wenn eine dieser o(H) Positionen bei der Mutationsänderung getroffen wird. Die Überlebenswahrscheinlichkeit für ein Bit ist 1 – p(M), wobei p(M) die Mutationsrate ist. Sollen alle o(H) Bits überleben, ist die zugehörige Wahrscheinlichkeit

$$(1 - p(M))^{o(H)}$$

Die Mutationsrate p(M) ist im allgemeinen sehr klein (z.B. 0,001). Daher gilt mit guter Näherung

$$(1 - p(M))^{o(H)} \approx 1 - p(M) \cdot o(H)$$

Aus Satz 2 ergibt sich daher die Zahl der überlebenden Schemaelemente:

$$n(H,t+1) \geq n(H,t) \cdot \frac{f(H)}{f(P)} \cdot (1-p(R) \cdot \delta(H) / (s-1)) \cdot (1-p(M) \cdot o(H))$$

Ausmultiplizieren der Klammern und Vernachlässigen von $\delta(H) \cdot o(H)$ führt auf den Konvergenzsatz:

Satz 3.5

Konvergenzsatz

Es sei n(H,t) die Zahl der Individuen des Schemas H zur Generation t. Zudem sei:

f(H) : mittlere Fitneß des Schemas H

f(P) : mittlere Fitneß der Population P

δ(H) : Länge des Schemas

o(H) : Ordnung des Schemas

s   : Länge der Populationsindividuen

p(R) : Rekombinationsrate

p(M) : Mutationsrate

Dann gilt:

$$n(H,t+1) \geq n(H,t) \cdot \frac{f(H)}{f(P)} \cdot (1 - p(R) \cdot \frac{\delta(H)}{(s-1)} - p(M) \cdot o(H))$$

(Die Zahlen n(H,t) sind als Erwartungswerte zu verstehen.)

Dieser Satz berücksichtigt die genetischen Operationen Mutation, Rekombination und Reproduktion, wobei die Reproduktion die des Roulette-Verfahrens ist. Die Formel des Satzes zeigt, daß das Vergrößern eines Schemas H in einer Population erfolgt, wenn die folgenden Voraussetzungen erfüllt sind:

(1) f(H) > f(P)

(2) δ(H) klein

(3) o(H) klein

Heuristisch und etwas salopp könnte man formulieren: Schemata mit hoher Fitneß setzen sich bei der Vererbung durch.

Satz 3.5 könnte man verkürzt so formulieren:

$$n(H,t+1) \geq \frac{f(H)}{f(P)} \cdot n(H,t) \cdot (1 - \varepsilon) \qquad (\varepsilon \text{ klein})$$

Schemata mit hoher Fitneß pflanzen sich daher mit überproportionaler Geschwindigkeit fort, sie bilden eine Art Rasse, die sich besonders schnell vermehrt.

Die Konvergenzsätze bilden u.a. einen Grund, warum genetische Algorithmen für die Chromosomen die duale Darstellung bevorzugen. Besteht der Suchraum z.B. aus 1000 Elementen, so würden bei dezimaler Darstellung dreistellige Individuen $(z1, z2, z3)$ ausreichen. Bei dualer Verschlüsselung benötigt man dagegen 10 Bits pro Individuum. Diese Darstellung besitzt bei weitem mehr Schemata als die dezimale.

3.9 Hybride Verfahren

Leider existiert keine Garantie der Konvergenz bei genetischen Algorithmen. Die Populationen bewegen sich auf Gebiete des Suchraumes zu, die im Sinne der Fitneß interessant sind, aber sie müssen nicht unbedingt die relevanten Extrema auffinden. In diesem Sinne kann man genetische Algorithmen als "weiche" Verfahren bezeichnen.

Andererseits existieren für viele Anwendungen konventionelle Iterationsverfahren, die für günstige Startwerte konvergieren. Dabei ist die Konvergenz nachweisbar. Diese Verfahren besitzen allerdings meist den Nachteil, daß die Startwerte nicht zu weit von der zu findenden Lösung entfernt sein dürfen. Man denke nur an das Tangentenverfahren von Newton zur Bestimmung einer Nullstelle.

Dies führt auf den naheliegenden Ansatz, beide Verfahren zu verbinden: Man produziere zunächst einige Generationen im Rahmen genetischer Algorithmen, so daß man nahe an die Lösungen herangeführt wird und setzt dann ein konventionelles Verfahren ein. Eine Alternative wäre, abwechselnd je einen oder mehrere Schritte genetisch durchzuführen, um dann konventionell die Rechnung fortzusetzen. Danach wieder genetisch usw.

Der nichtgenetische Teil ist im allgemeinen konstruktiv, indem logisch einsehbare Konstrukte algorithmisch eine Verbesserung der Individuen herbeiführen. Es gibt Anwendungen, wo dieser konstruktive Anteil als ein Operator definiert und codiert wird, der gleichrangig mit Rekombination, Mutation usw. als Operation im Rahmen des genetischen Algorithmus eingesetzt wird.

Ein Beispiel hierfür findet man in [GG85]. Hier geht es um die Lösung des Travelling Salesman Problems (TSP) (vgl. Abschnitt 2.7). Zu den Operationen wie Rekombination, Mutation usw. wurde ein konstruktiver Operator hinzugefügt, der aus zwei Individuen ein neues dadurch gewinnt, indem – beginnend mit einer zufällig ausgewählten Stadt – von beiden Individuen die Nachbarstadt ausgesucht wird, deren Entfernung am kürzesten ist. Danach wird nach gleicher Vorschrift die folgende Stadt gewählt usw., bis die neue Route zusammengestellt ist. Diese konstruktiv angelegte Operation, welche aus zwei Routen eine neu gewinnt, wird den bekannten genetischen Operationen einfach hinzugefügt.

Es hat sich herausgestellt, daß man mit diesem Vorgehen bei bestimmten Anwendungen erstaunliche Rechenzeitersparnisse gewinnt. Die Methode ist oft besser als das gewählte konservative Verfahren und besser als ein rein genetisches Vorgehen. Zumal scheint die Konvergenz gesichert zu sein. Ein Beispiel hierzu findet man in Abschnitt 6.3 im Zusammenhang mit neuronalen Netzen (vgl. auch [Ki94]).

Hybride Verfahren entsprechen in der Natur einer Evolution, die Sprünge zuläßt, die über einfache Mutationen hinausgehen. Eine solche Sicht der Evolution findet man z.B. in [Ho84], wo unter vielen anderen Beispielen auch die evolutionäre Entwicklung der Spinne angeführt wird. Die reine Evolutionstheorie führt zu Schwierigkeiten, da das Spinnennetz einerseits eine Mindestgröße besitzen muß, um das Überleben des Insektes zu gewährleisten, andererseits aber evolutionär nur eine Entwicklung von kleinen zu größeren Netzen denkbar ist. Also muß ein Evolutionssprung stattgefunden haben.

3.10 Anwendungen

Genetische Algorithmen sind fast universell einsetzbar. Ist das zu lösende Problem parametrisierbar, ist die Funktion der Fitneß nicht zu chaotisch und ist der Suchraum außerdem nicht zu komplex, wird ein genetischer Ansatz zum Erfolg führen. Im folgenden seien drei Beispiele vorgeführt.

3.10.1 Stundenplanerstellung

Auf die mit der Stundenplanerstellung verbundenen Schwierigkeiten wurde bereits in Abschnitt 2.6.2 eingegangen. Grundsätzlich könnte es möglich sein, mit genetischen Algorithmen Stundenpläne oder Personaleinsatzpläne zu erstellen. Bei welchem Komplexitätsgrad dabei

Grenzen existieren, ist zur Zeit noch nicht erforscht. Da große Stundenpläne hochkomplex sind und komplexe Optimierungsprobleme viele lokale Extrema besitzen, wird man mit einer großen Populationszahl arbeiten müssen, was wiederum schnelle Rechner voraussetzt.

Im folgenden soll ein kleines überschaubares und reduziertes Stundenplanproblem vorgestellt und genetisch-algorithmisch gelöst werden. Der gewählte Lösungsansatz ist möglicherweise auf größere Zeit-Einsatz-Probleme anwendbar.

Für einen Lehrgang (Semester) einer technischen Fachrichtung sollen die folgenden Fächer gegeben werden:

Fach	Abkürzung	Zahl der Wochenstunden
Mathematik	Math	4
Physik	Phys	4
Chemie	Chem	2
Elektrogrundlagen	Elek	1
Konstruktionselemente	Kons	1
Technisches Zeichnen	Tech	1
EDV	Edv	2
CAD-Ausbildung	Cad	2
Technische Mechanik	Mech	1
Physik-Praktikum	Prak	1
Elektrolabor	Ella	1
Betriebswirtschaft	Bewi	1
Englisch	Engl	1

Zur Codierung der Fächer ordnen wir jedem Fach eine Zahl zu:

Fach	Codierung	Fach	Codierung
Math	1	Edv	8
Phys	2	Mech	9
Chem	3	Prak	10
Elek	4	Ella	11
Kons	5	Bewi	12
Tech	6	Engl	13
Cad	7	Freistunde	0

Tabelle 8: Fächercodierungen

In dieser Tabelle wurde die Zahl 0 zur Codierung einer Freistunde eingeführt.

Wir stellen an den Stundenplan die folgenden Forderungen:

[1]   Es sollen an jedem Tag mindestens eine, höchstens 6 Stunden gegeben werden.

[2]   Es dürfen keine Freistunden zwischen zwei Unterrichtsstunden entstehen, d.h. der Stundenplan soll blockweise strukturiert sein.

[3]   Ein Fach darf nicht mehr als zweimal an einem Tag vorkommen.

[4]   Sollte ein Fach zweimal an einem Tag gesetzt sein, dann müssen die beiden Stunden direkt hintereinander liegen.

Für die genetische Implementierung definieren wir die folgenden Begriffe:

Individuum:

Ein Stundenplan ist die Folge aller Fächer, wobei Fächer mit mehr als einer Wochenstundenzahl mehrfach vorkommen. Ersetzen wir die Fächer durch die Codierungen der Tabelle 8, erhalten wir als Individuum eine Zahlenfolge mit den Zahlen 0, 1, 2, 3, ... 13. Die Zahlen 1 und 2 (Mathematik und Physik) kommen je viermal vor, die Zahlen 3, 7, 8 je zweimal (Chemie, EDV, CAD). In dieser Folge bedeuten die ersten 6 Zahlen die Fächerfolge am Montag, die nächsten 6 Zahlen die Fächerfolge am Dienstag usw. Insgesamt müssen bei 5 Wochentagen 30 Zahlen vorhanden sein. Sollten Freistunden zwischen den Fächern gegeben sein, ist an diesen Stellen eine 0 zu setzen.

In diesem Sinne ist zum Beispiel die Folge

1 1 1 1 2 2 2 2 3 3 4 5 6 7 7 8 8 9 10 11 12 13 0 0 0 0 0 0 0 0

ein Individuum und damit ein Stundenplan (der allerdings nicht die Restriktionen erfüllt). Jede Permutation der Folge ergibt einen neuen Stundenplan.

Fitneß:

Die Stundenpläne, die den oben genannten Restriktionen nicht genügen, erhalten schlechte Fitneß-Werte, damit sie im Laufe der Rechnung aussortiert werden. In diesem Sinne legen wir fest:

Jedes Individuum erhält die Fitneß 200. Für jede einzelne Verletzung der oben aufgeführten Restriktionen wird die Zahl 10 von der Fitneß subtrahiert. Falls also ein Fach an einem Tag dreimal vorkommt, führt dies zu einem Abschlag von 10. Eine nicht erlaubte Freistunde bewirkt wiederum 10 Minuspunkte usw. Auf diese Art kann die Fitneß bis auf 0 sinken.

Genetische Operationen:

Eine genetische Operation darf lediglich eine Permutation der Folge durchführen, es dürfen keine Zahlen gelöscht oder gar neue Zahlen produziert werden. Aus diesem Grunde wurde auf Mutationen verzichtet. Für die Rekombination bietet sich die in Abschnitt 3.5.3.5 beschriebene PMX-Rekombination an. Bezüglich der Selektion wurde die Roulette-Methode gewählt.

Algorithmische Durchführung:

Die Populationsgröße wurde mit 100 festgelegt. Mit 40 PMX-Rekombinationen wurden 80 neue Individuen produziert und über die Roulette-Methode weiter 20 Individuen erzeugt. Dies ergab die neue Generation.

Ergebnisse:

Nach 9 Generationen wurde der erste Stundenplan mit der Maximalfitneß 200 gefunden. Der nächste ergab sich nach 18 Generationen. Die folgenden Generationen lieferten weitere gültige Pläne.

Wenn man bedenkt, daß jede Permutation eines Individuums mit 30 Zahlen einen Stundenplan darstellt, dann existieren für unser Problem 30! mögliche Pläne. Selbst wenn der größte Teil ausscheidet, weil die Restriktionen nicht erfüllt sind, bleibt eine astronomisch große Zahl.

Bei einem Stundenplan für mehrere Klassen erhöht sich entsprechend die Komplexität. Es liegen Milliarden von Extrema vor, die bei weitem nicht alle der Maximalfitneß entsprechen. Wie weit genetische Algorithmen hier erfolgreich einsetzbar sind, ist zur Zeit noch nicht ganz geklärt.

3.10.2 Optimierung von Pipeline-Systemen

Die folgende Anwendung stammt von Goldberg ([Go89], [Go83]). Gegeben ist eine Pipeline zum Transport von Brennstoff. In bestimmten Abständen sind Kompressoren zum Transport der Flüssigkeiten installiert. Die Kompressionsenergie des gesamten Systems ist zu minimieren.

Ein Kompressor ist charakterisiert durch den Ansaugedruck A und den Enddruck E. Sind $A(i)$ der Ansaugedruck und $E(i)$ der Enddruck des Kompressors Nr. i, dann gilt die Beziehung

[3.1] $A(i+1)^2 - E(i)^2 = K(i) \cdot Q(i) \cdot |Q(i)|$

wobei $Q(i)$ die Fließrate und $K(i)$ eine Kompressorkonstante ist. ($Q(i)$ kann als annähernd konstant angesehen werden.)

Die Kompressionsenergie eines Kompressors ist eine nichtlineare Funktion von dem Ausdruck $A(i)/E(i)$, also

[3.2] $W(i) = f(A(i) / E(i))$

Mit $W = \Sigma\, W(i)$ liegt damit eine Fitneß vor, denn dieser Ausdruck ist zu minimalisieren.

Um einen genetischen Algorithmus anzusetzen, benötigen wir eine Vorschrift zur Codierung der Individuen. Für jeden der Kompressoren wählen wir:

$$U(i) = E(i)^2 - A(i)^2$$

Mit Hilfe des Verfahrens der Dekodierung (siehe Abschnitt 3.6) können wir diesen Ausdruck in Bits darstellen. Goldberg wählte vier Bits pro Kompressor. Das Hintereinanderlegen aller 4-Bit-Strings ergibt einen für Populationen geeigneten String.

Zur Berechnung der Fitneß $W = \Sigma\, W(i)$ eines Strings benötigt man die Gleichungen [3.1] und [3.2].

3.10.3 Bildauswertung bei Röntgenbildern

Die folgende Anwendung aus dem medizinischen Bereich wurde 1985 von J. Gefenstette und J. Fitzpatrick auf der ersten internationalen Konferenz über genetische Algorithmen vorgetragen ([GF85]).

In der Angiographie wird ein Katheter in eine Arterie eingeführt und danach das Innere der Arterie über Röntgenstrahlen sichtbar gemacht. Anschließend wird ein jodhaltiges Kontrastmittel eingeführt und eine zweite Röntgenaufnahme gemacht. Beide Bilder werden digitalisiert und pixelweise verglichen, indem ein Differenzbild erstellt wird, welches Aufschluß gibt über den zu untersuchenden Krankheitszustand.

Ein Problem entsteht dadurch, daß der Patient während der Aufnahmen leichte Bewegungen ausführt, so daß beide Bilder nicht mehr deckungsgleich sind. Das erste Bild muß also pixelweise so verschoben werden, daß seine Geometrie mit der des zweiten Bildes übereinstimmt.

Grefenstette und Fitzpatrick arbeiteten mit einem 100x100 Gitter und transformierten die Pixelkoordinaten des ersten Bildes durch die bilineare Transformation

$x' = a + b \cdot x + c \cdot y + d \cdot x \cdot y$
$y' = e + f \cdot x + g \cdot y + h \cdot x \cdot y$

mit zunächst unbekannten Konstanten a, b, c, d, e, f, g, h. Diese Konstanten wurden mit einem genetischen Algorithmus so bestimmt, daß die Differenz beider Bilder minimal war.

4. Evolutionsstrategien

Die im folgenden darzustellende Optimierungsmethode orientiert sich wie die genetischen Algorithmen an den Prinzipien der biologischen Evolution. Auch hier existieren Populationen und genetische Operationen wie Mutation, Rekombination und Selektion. Die Kreierung neuer Generationen geschieht im wesentlichen wie bei genetischen Algorithmen, lediglich die algorithmische Implementierung unterscheidet sich.

Evolutionsstrategien (ES) wurden bereits zu Beginn der siebziger Jahre an der TU Berlin von Ingo Rechenberg und später auch Hans Paul Schwefel angedacht und später von diesen weiterentwickelt ([Rec73], [Sch81]). Die ersten Anwendungen waren experimentelle Optimierungen mit diskreten Mutationen (z.B. Optimierung von Plattenformen im Windkanal, Optimierung einer Einkomponenten-Zweiphasen-Überschalldüse), später erfolgten entsprechende Rechnersimulationen. Die Entwicklung der Evolutionsstrategie erfolgte trotz der identischen Grundkomponenten zu den genetischen Algorithmen eigenständig, erst 1990 kam es zu Kontakten zwischen den GA-Forschern der USA und ES-Forschern aus Deutschland (Berlin, Dortmund).

Zur Beschreibung der Evolutionsstrategien genügt es, nur die von den genetischen Algorithmen (Kapitel 3) prinzipiell abweichenden Eigenschaften zu erläutern.

4.1 Das Verfahren

Wie bei den genetischen Algorithmen arbeitet die Evolutionsstrategie mit den folgenden Basisbegriffen:

Populationen
Genetische Operationen:
    Mutation
    Rekombination
    Selektion
Fitneß-Funktion

Bei den genetischen Operationen ist die Mutation der Hauptoperator und nicht – wie bei den genetischen Algorithmen – eine Hintergrundoperation.

Die Konkretisierung obiger Begriffe ist unterschiedlich:

Population

Eine Population besteht aus N Individuen, wobei jedes Individuum ein reellwertiger Vektor ist. Die Anfangspopulation wird über reellwertige Zufallsvektoren gewonnen, die den Restriktionen (falls gegeben) genügen. Zu den Systemparametern (Objektvariablen) kommen noch Strategieparameter, deren Bedeutung unten erläutert wird.

Mutation

Es werden alle Vektorkoordinaten gleichzeitig verändert, indem normalverteilte Zufallsgrößen aus $N(0,\sigma)$ (Erwartungswert 0, Varianz σ^2) addiert werden. Ist x_i eine Vektorkoordinate, erfolgt die Mutationsänderung durch

$$x_i^{neu} = x_i^{alt} + \sigma_i^{neu} \cdot z_i$$

wobei z_i eine normalverteilte Zufallszahl aus $N(0,1)$ und σ_i die Standardabweichung für die i-te Koordinate ist. Die Werte σ_i werden dabei aus der Vorschrift

$$\sigma_i^{neu} = \sigma_i^{alt} \cdot \exp(\tau_0 \cdot z_0) \cdot \exp(\tau_1 \cdot z_i)$$
$$= \sigma_i \cdot \exp(N(0,\tau_0)) \cdot \exp(N(0,\tau_1))$$

gewonnen, wobei z_0 und z_i normalverteilte Zufallszahlen aus $N(0,1)$ sind und man die Faktoren τ_0, τ_1 als Anpassungsfaktoren bezeichnen könnte. Für diese Faktoren setze man

$$\tau_0 = \alpha_0 / \sqrt{2 \cdot N} \qquad \text{(Anpassung des Individuums)}$$

$$\tau_1 = \alpha_1 / \sqrt{2 \sqrt{N}} \qquad \text{(Anpassung pro Koordinate)}$$

(N = Populationsgröße, α_0, α_1 Konstanten)

Dies bedeutet, daß die Standardabweichungen σ_i bei jedem Mutationsschritt nicht nur neu berechnet werden, sondern auch für zukünftige Mutationen zu speichern sind. Dies ist realisierbar, indem man bei einem Individuum der Population zum Vektor x noch den Vektor σ der Standardabweichungen anfügt und den so entstehenden Vektor der Dimension $2 \cdot N$ als Individuum betrachtet. Ein Vektor der Population hat also die Struktur:

$$x_1 \; x_2 \; x_3 \; \dots \; x_N \; \sigma_1 \; \sigma_2 \; \sigma_3 \; \dots \; \sigma_N$$

Die x-Koordinaten bezeichnet man als Objektvariablen und die σ-Komponenten als Strategievariablen. Ein Individuum besteht damit aus Objekt- und Strategievariablen.

Das Mitführen der Strategieparameter hat sich in Experimenten als konvergenzsteigernd herausgestellt ([SBK93]), allerdings fehlt bisher eine fundierte Theorie, welche Aussagen dieser Art untermauern könnte.

Rekombination

Obwohl die Mutation der Hauptoperator ist, ist die Rekombination für die Selbstadaption der Strategieparameter unverzichtbar, wie in Experimenten nachgewiesen werden konnte.

Man unterscheidet zwischen intermediärer und diskreter Rekombination. Die intermediäre Rekombination produziert Nachkommen durch Mittelung der Komponenten von (in der Regel zwei) zufällig ausgewählten Eltern. Bei der diskreten Rekombination werden die Vektorkomponenten zufällig von einem der Eltern übernommen. Die diskrete Rekombination wirkt diversitätserhaltend.

Es empfiehlt sich, die diskrete Rekombination für die Objektvariablen und die intermediäre Rekombination für die Strategieparameter einzusetzen.

Selektion

Bei genetischen Algorithmen erfolgt die Selektion probabilistisch, indem den Individuen Überlebenswahrscheinlichkeiten zugeordnet werden, welche sich aus dem Anteil der Fitneß an der Gesamtfitneß ergeben.

Evolutionsstrategien besitzen ein deterministisches Konzept, nach dem die μ besten Nachkommen überleben. Es existieren zwei Selektionsansätze:

(μ,Γ)-Konzept: μ Eltern produzieren Γ Nachkommen, von denen die μ besten überleben.

$(\mu+\Gamma)$-Konzept: μ Eltern produzieren Γ Nachkommen. Von den $\mu+\Gamma$ Individuen überleben die μ besten.

In [Sch87] empfiehlt H. P. Schwefel für das Verhältnis der Anzahl von Eltern zu den Nachkommen $\mu/\Gamma = 1/7$.

4.2 Mehrfache Zielsetzung (Vektor-Optimierung)

Obige Evolutionsstrategie wurde von H.P. Schwefel und seinen Mitarbeitern auf die Vektoroptimierung erweitert. Hier liegen mehrere Zielfunktionen (z.B. maximale Produktion bei minimalen Kosten) vor.

In Anlehnung an die Natur wird ein diploider Chromosomensatz mitgeführt mit dominanter und rezessiver Erbinformation (siehe Abbildung 26).

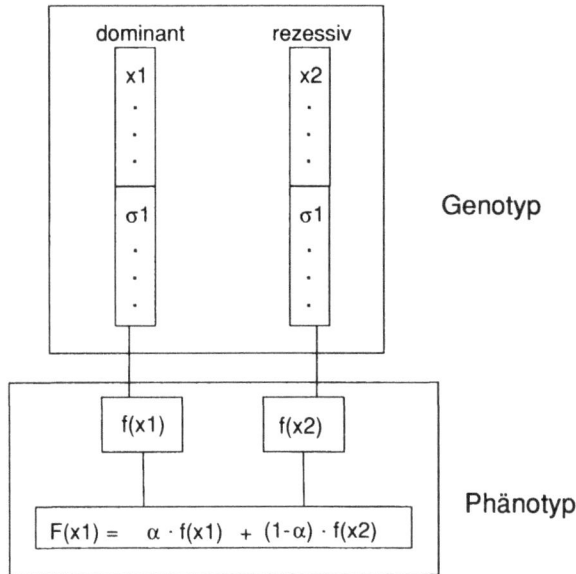

Abb. 26: Diploidie bei der Evolutionsstrategie

Wie aus der Abbildung ersichtlich, wird jedes Individuum der Population durch zwei Vektoren (Chromosomen) charakterisiert, nämlich $(x1, \sigma1)$ und $(x2, \sigma2)$, wobei $x1$, $x2$ je die Vektoren der Objektvariablen und $\sigma1$, $\sigma2$ je die Vektoren der Strategieparameter sind. Der erste Vektor $(x1, \sigma1)$ heißt "dominant", der zweite $(x2, \sigma2)$ "rezessiv".

Für beide Vektoren wird getrennt die Fitneß berechnet für $f(x1)$ und $f(x2)$. Aus diesen ergibt sich die Fitneß für das Individuum durch

$$F(x1) = \alpha \cdot f(x1) + (1-\alpha) \cdot f(x2)$$

Hier ist im allgemeinen $\alpha > \frac{1}{2}$, so daß die dominante Eigenschaft stärker durchschlägt als die rezessive.

Für die so strukturierten Individuen definieren wir:

Mutation:	wie bei der Evolutionsstrategie, für die rezessiven Vektoren wird zusätzlich mutiert.
Rekombination:	wie bei der Evolutionsstrategie, die rezessiven Vektoren werden zusätzlich rekombiniert. Mit einer Wahrscheinlichkeit $p \approx 0,33$ werden rezessive und dominante Eigenschaften vertauscht.
Selektion:	Der Vektor der Zielfunktionen sei gegeben durch die Vektorkomponenten:

$$F_j(x1)$$

wobei x1 der Vektor der dominanten Informationen ist. Über einen Wahrscheinlichkeitsvektor wird ermittelt, welche Komponente zur Selektion herangezogen wird. Diese Komponente ergibt dann die Fitneß des Individuums im aktuellen Iterationsschritt. Die schlechtesten Individuen werden gelöscht.

4.3 Anwendungen

Das Verfahren der Evolutionsstrategie wurde erfolgreich in Applikationen eingesetzt. Einige dieser Anwendungen (Universität Dortmund) seien genannt ([SBK93]):

- Die Optimierung der Kante eines Dipolmagneten. Die Kante war durch diskrete Punkte (Polygonzug) charakterisiert, die zugehörigen Zahlen bildeten die Objektvariablen. Die Fitneß ergab sich aus der Forderung, daß das sich unterhalb der Kante bildende Magnetfeld möglichst homogen sein sollte.

- Konfigurations-, Entwurfs- und Querschnittsoptimierung bei der Konstruktion von Tragwerken.

- Optimierung optischer Linsen.

- Optimierung sozio-ökonomischer Systeme.

- Regressionsanalyse.

5. Genetische Programmierung

Bei den bisher diskutierten Optimierungsverfahren war das zu optimierende System durch reellwertige Parameter definiert, gesucht war die Parametermenge für eine optimale Fitneß. Dieses Konzept ist verallgemeinerungsfähig. Ersetzen wir nämlich das parameterdefinierte System durch ein theoretisches Konstrukt wie etwa eine Berechnungsvorschrift oder ein Computerprogramm, so kann man die Frage nach der Vorschrift bzw. dem Programm stellen, welches eine vorgegebene Aufgabe optimal zu lösen in der Lage ist. Für binäre Ein-/Ausgabewerte wäre z.B. ein geeigneter Bool'scher Ausdruck (und damit eine Digitalschaltung) zu suchen. Wie in dem folgenden Abschnitt gezeigt wird, läßt sich auch dieser Typ einer Optimierung durch evolutionsähnliche Verfahren angehen, indem syntaktisch korrekte Berechnungsvorschriften probabilistisch solange verändert werden, bis sie die anstehende Aufgabe optimal lösen.

Den Wissensbereich, der sich mit diesen Fragen beschäftigt, bezeichnet man als genetische Programmierung. Bis heute wurde das Konzept zufriedenstellend auf die Ermittlung von Berechnungsvorschriften angewandt. Prinzipiell lassen sich auch Computerprogramme genetisch entwickeln. Der Rechner lernt, eine Aufgabe zu lösen, ohne daß er programmiert wird. Allerdings sind die Anwendungen bis heute noch nicht über winzige Miniprogramme hinausgekommen, was nicht bedeutet, daß komplexe Programmentwicklungen nicht eines Tages möglich sein könnten.

Eine ausführlichere Beschreibung der entsprechenden Verfahren findet man z.B. in [Ko92].

5.1 Grundlagen

Der Begriff Rekombination läßt sich nicht nur auf Zahlen- oder Bitstrings anwenden, sondern auch auf arithmetische Ausdrücke, wie wir sie von der Programmierung her kennen. Ein Beispiel soll dies verdeutlichen.

Gegeben seien die beiden arithmetischen Ausdrücke

$$y1 = 1 + 2 \cdot x - 4 \cdot x^2$$

$$y2 = 2 - x$$

Würde man beide Ausdrücke als Chromosomen auffassen, könnte man eine Rekombination durchführen, indem man z.B. das Symbol x im mittleren Term des Ausdrucks y1 durch y2 ersetzt, also:

$$y1 = 1 + 2 \cdot \boxed{x} - 4 \cdot x^2$$
$$y2 = \boxed{2 - x}$$

Einsetzen ergibt:

$$y3 = 1 + 2 \cdot (2 - x) - 4 \cdot x^2$$

Dies ist ein neuer Ausdruck, den man – als Produkt einer Kreuzung – als Nachkommen der Rekombination bezeichnen kann. Genauso könnte man einen Teil von y2 durch einen Teil von y1 ersetzen. Offenbar kann man aus einer Anfangsmenge von Ausdrücken beliebig viele neue Ausdrücke kreieren.

Sollen diese Kreuzungen Aktionen eines genetischen Algorithmus sein, benötigt man eine Fitneßfunktion, die die guten Ausdrücke überleben läßt und die schlechten Ausdrücke aussortiert. Es ist klar, daß die Fitneßfunktion eines arithmetischen Ausdruckes von dem Problem abhängt, welches man lösen will. Es hat sich gezeigt, daß mit diesem Ansatz zahlreiche Probleme der Mathematik wie z.B. Approximationen, Lösen von Differentialgleichungen und Integrodifferentialgleichungen usw. angegangen werden können.

Als Beispiel betrachten wir die Aufgabe, aus den Ausdrücken

$$1 \qquad 2 \qquad 1 \cdot 2 \qquad \sin(x)$$

$$\cos(x) \quad \sin(x^2) \quad \cos(x^2)$$

Identitäten im Sinne der Trigonometrie abzuleiten. Durch Rekombination erhält man z.B. aus "$1 \cdot 2$" und "$\sin(x^2)$" den neuen Ausdruck "$\sin(x^2) \cdot 2$", indem man 1 im ersten Ausdruck durch $\sin(x^2)$ ersetzt. Aus diesem Ausdruck könnte man durch Rekombination mit "$\cos(x)$" den Ausdruck "$\sin(x^2) \cdot \cos(x)$" erhalten. Die Aufgabe bestehe darin, Ausdrücke aufzubauen, die mit $\sin(2 \cdot x)$ möglichst gut übereinstimmen.

Die Fitneß eines Ausdruckes $A(x)$ wäre dann

$$\Phi = \sum_i \left(\sin(2 \cdot x_i) - A(x_i) \right)^2$$

wobei über endlich viele x-Werte des zu Grunde liegenden Intervalls summiert wird. Je kleiner Φ ist, um so besser der Ausdruck.

Durch genetische Programmierung erhält man schon nach wenigen Generationen Identitäten wie

$$sin(2 \cdot x) = 2 \cdot sin(x) \cdot cos(x)$$

Genauso lassen sich andere trigonometrische Formeln ableiten.

5.2 Die Codierung der Chromosomen

5.2.1 Ausdrücke

Bei der Rekombination zweier arithmetischer Ausdrücke ersetzt man einen Operanden oder einen Unterausdruck durch andere Operanden oder Unterausdrücke. Um den Zugriff auf derartige Unterausdrücke zu erleichtern, benutzt man bei der Programmierung die Präfixdarstellung von arithmetischen Ausdrücken. Hierbei wird der Operator (+, −, ·) vor die zu verbindenden Operanden gesetzt, also z.B.

$x + 2 \quad \rightarrow \quad + (x,2)$
$3 \cdot 6 \quad \rightarrow \quad \cdot (3,6)$

Konstanten und Variablen bleiben unverändert (2, x, 4).

Gemischte Ausdrücke werden dann verschachtelt dargestellt:

$(3 \cdot (x + 2)) \quad \rightarrow \quad \cdot (3, + (x,2))$

$((1 + 2) + 3) \quad \rightarrow \quad + (+ (1,2),3)$

Solche Codierungen lassen sich auch graphisch darstellen, wie die Abbildung 27 zeigt:

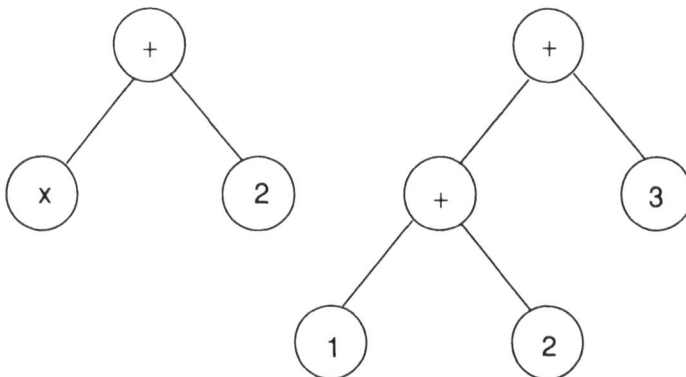

Abb. 27: Grafische Darstellung der Ausdrücke + (x,2) und + (+ (1,2),3)

Die Symbole am Ende der Zweige des Graphen bezeichnet man als terminale Symbole (Variablen und Konstanten, in der Abbildung die Zahlen 1, 2, 3).

Betrachten wir den Ausdruck $(x \cdot (x + 7))/(b + 1)$. Die Präfixdarstellung lautet:

$/ (\cdot (x, + (y, 7)), + (b, 1))$

Diese Darstellung stellt einen String dar, den man als Chromosom auffassen kann. Jede Konstante oder Variable $(x, y, b, 7, 1)$, aber auch jeder Unterausdruck wie $+ (y,7)$ oder $\cdot (x, + (y,7))$ kann bei einer Rekombination durch einen anderen Ausdruck oder eine andere Variable (Konstante) ersetzt werden.

Falls die Operation/(Division) im arithmetischen Ausdruck vorkommt, ist bei der Auswertung des zugehörigen Chromosoms (semantische Auswertung) darauf zu achten, daß eine Division durch 0 vermieden wird. Dies ist bei der Programmierung durch geeignete Abfragen möglich. Derartige Ausdrücke lassen sich z.B. eliminieren, indem man ihnen eine sehr niedrige Fitneß zuordnet.

Neben arithmetischen und Bool'schen Ausdrücken lassen sich weitere algorithmische Vorschriften als Chromosomen für eine genetische Programmierung aufbereiten. Operatoren mit nur einem Argument sind z.B. die mathematischen Funktionen wie $\sin(x)$, $\cos(x)$, $\log(x)$. In Präfixdarstellung sind sie schreibbar wie z.B.:

$\sin(x)$ $\mathrm{sqrt}(c)$ $\tan(7)$

und können dann ohne Probleme in allgemeine arithmetische Ausdrücke integriert werden. So ist z.B. das Chromosom

$\log (+ (\sin (-(x,3),1))$

ein Synonym für

$\log (\sin (x-3)+1)$.

Wie bei der Division durch 0 treten Probleme auf, wenn etwa die Wurzel oder der Logarithmus aus einer negativen Zahl zu berechnen ist. Diese Fälle müssen durch geeignete Abfragen im globalen Algorithmus abgefangen werden.

5.2.2 Programme

Algorithmen lassen sich über prozedurale Programmiersprachen wie Pascal oder C in ihrem Ablauf beschreiben. Falls man die Sprachelemente einer prozeduralen Sprache als Chromosomen schreiben könnte, wären Programme bzw. Algorithmen der genetischen Programmierung zugänglich, was bedeutet, daß sie genetisch-evolutionär entwickelbar wären.

Die grundlegenden Sprachelemente sind

Wertzuweisung
Verzweigung (If-Abfrage)
Rekursion.

Wertzuweisungen wie z.B. x := sin (y+3) sind – wie oben gezeigt – genetisch programmierbar, da die damit verbundenen arithmetischen Ausdrücke darstellbar sind. Auch die Verzweigung mit einer If-Abfrage läßt sich in Präfix-Darstellung angeben. Dies sei an einem Beispiel dargelegt:

if x<1 then s := sqrt (x) else s :=1:

läßt sich als Chromosom schreiben als

if (x,1,sqrt (x),1)

Allgemein ist "if" ein Operator mit vier Argumenten:

if (a1, a2, a3, a4)

mit der Interpretation: Falls a1<a2, dann berechne a3, andernfalls a4.

Ausdrücke dieser Art sind integrierbar in allgemeine arithmetische Ausdrücke. So lautet der Programmteil

```
. . . . . . . .
if x·x>1.2 then y:=3·x-2 else y:=0;
z:=y+1;
w:=z·4;
. . . . . . . .
```

in Präfixdarstellung:

w := · (+(if (· (x,x),1.2,– (· (3,x),2),0),1),4)

In ähnlicher Weise lassen sich auch Rekursionen in Präfixdarstellung schreiben. Schließlich gibt es weitere Operatoren, die bei genetischer Programmierung in Chromosomen einfügbar sind. So z.B. die Bit-Shift-Operatoren (shift left, shift right) oder graphische Operatoren, die beim Zeichnen einer Linie die Richtung angeben (rechts 45 Grad, geradeaus, links 90 Grad usw.).

Zusammengefaßt lassen sich die wichtigsten programmierbaren Ausdrücke wie folgt auflisten:

• Arithmetische Ausdrücke (+, –, · , /)

• Bool'sche Ausdrücke (AND, OR, NOT)

• Mathematische Funktionen (sin (x), cos (x) ...)

- Elemente der Programmierung (If-else-Abfragen)

- Bit-Shift-Operatoren

- Graphische Operatoren

- Vektor- und Matrixoperatoren

- Komplexe Operationen

5.3 Die Fitneß

Entscheidend für das Überleben von Individuen in Populationen ist die Fitneß. Sie ordnet jedem Chromosom einen reellen Wert zu, der dessen Güte angibt.

Die Güte eines Ausdrucks ist letztlich die Aussage, wie gut bzw. genau der Ausdruck eine Funktion (z. B Tabellenwerte) oder einen übergeordneten Ausdruck (Gleichung, Differentialgleichung usw.) als Lösung beschreibt.

Die Definition der Fitneß-Funktion bei der genetischen Programmierung ist nicht einheitlich, jedoch verwendet man stets eine Funktion, in die die Fehler eingehen, die bei Anwendung des zu testenden Ausdrucks entstehen.

Dies sei an einem Beispiel erläutert:

Für die Zuordnung

i	e1	e2	f[i]
1	0	0	1
2	1	0	0
3	0	1	1
4	1	1	1

mit den Eingabevariablen e1, e2 und der Ausgabevariablen f[i] soll ein Bool'scher Ausdruck mit den Operationen AND, OR und NOT ermittelt werden. Hat man über die genetische Programmierung einen Ausdruck als Chromosom Nr. j gefunden, ermittle man seine Fitneß, indem man alle Eingabemöglichkeiten für e1, e2 in den Ausdruck einsetzt und das Ergebnis E[i,j] mit f[i] vergleicht. Erhält man für alle vier Eingabekombinationen die richtigen Werte, hat man die beste Fitneß. Allgemein ist

$$r(j) = \sum_i \mid E[i,j] - f[i] \mid$$

106

eine Fitneß für das Chromosom Nr. j, welche die Güte des Chromosoms in dem Sinne beschreibt, daß der kleineren Zahl das bessere Chromosom entspricht. Die Fitneß 0 steht für den absolut korrekten Ausdruck.

Es existieren verschiedene Typen der Fitneß, die im folgenden dargelegt werden sollen:

Rohfitneß (Raw-Fitness):

Wenn E[i,j] der Wert sein soll, den das Chromosom Nr. j für die Eingabe Nr. i annimmt und wenn f[i] der Zielwert ist, der anzunehmen ist, dann ist

$$r(j) = \sum_i | a[i,j] - f[i] |$$

die Rohfitneß. Dem kleineren Fitneß-Wert entspricht das bessere Individuum.

Standard-Fitneß (Standardized Fitness):

In den meisten Anwendungen benutzt man die Standard Fitneß $s(j)$, welche jedem Individuum Nr. j den Wert zuordnet:

$$s(j) = r_{max} - r(j)$$

wobei r_{max} der maximale Roh-Fitness-Wert ist und $r(j)$ die oben definierte Roh-Fitneß ist. Offenbar entspricht bei dieser Definition dem größeren Fitneß-Wert das bessere Chromosom.

Normalisierte Fitneß (Normalized Fitness):

Führt man die Funktion

$$a(j) = \frac{1}{1 + r(j)} \qquad (r(j) = \text{Rohfitneß})$$

ein, erhält man die "angepaßte Fitneß" (adjusted fitness). Ihre Werte liegen zwischen 0 und 1. Aus dieser kann man mittels der Formel

$$n(j) = \frac{a(j)}{\sum_k a(k)}$$

eine Fitneß-Funktion ableiten, die man als normalisierte Fitneß bezeichnet. Für sie gilt:

● Sie liegt zwischen 0 und 1.

● Größeren Werten entsprechen bessere Individuen.

● Die Summe aller Fitneß-Werte, summiert über alle Chromosomen, ist 1.

5.4 Genetische Operatoren

Wir fassen eine Menge von Chromosomen zu einer Population zusammen und wenden – wie bei den genetischen Algorithmen – auf die Individuen genetische Operationen an, um eine neue Generation zu erzeugen mit einer besseren Durchschnittsfitneß.

Der zentrale genetische Operator ist die Rekombination, wie bereits oben beschrieben. Damit die Population in der Größe beschränkt bleibt, sind nach jeder Rekombination mit zwei Nachkommen zwei andere Chromosomen zu eliminieren. Dieses führt auf die Operation "Reproduktion".

Rekombination und Reproduktion werden auch als primäre Operationen für die genetische Programmierung bezeichnet. Darüber hinaus gibt es sekundäre Operationen, die man einsetzen kann, aber nicht unbedingt muß. Solche Operationen sind Mutation, Permutation, Editieren, Einkapselung, Dezimieren. Diese Operationen seien im folgenden genauer beschrieben:

Bei einigen Operationen – insbesondere bei der Reproduktion – ist die Fitneß der Individuen einer Population eine wichtige Hilfsgröße. Es empfiehlt sich, nicht bei jeder Generation für jedes einzelne Chromosom die Fitneß neu zu berechnen. Die Fitneß muß nach jeder Operation lediglich für die neu kreierten Individuen neu berechnet werden, denn für nicht veränderte Elemente ändert sie sich ja nicht. Diese Vorgehensweise spart Rechenzeit.

5.4.1 Primäre Operationen

5.4.1.1 Rekombination und Auswahl

Die Operation "Rekombination" (Crossover) wurde oben bereits an Beispielen erläutert und soll hier genauer beschrieben werden.

Bei der Rekombination gehen wir von zwei Chromosomen, den Eltern, aus. Diese werden über geeignete Auswahlverfahren ausgesucht. Einige der möglichen Auswahlverfahren, welche alle auf der Fitneß basieren, seien beschrieben:

Bei dem ersten Verfahren sucht man aus einer Gruppe von Chromosomen, welche alle eine hohe Fitneß besitzen, zwei Elemente aus, wobei die Auswahl über Zufallszahlen durchgeführt wird.

Bei einem anderen Verfahren werden über Zufallszahlen aus der Gesamtpopulation einige Chromosomen (im allgemeinen zwei) ausgewählt. Von beiden ermittelt man die Fitneß und wählt schließlich das

Chromosom mit der höchsten Fitneß. Beide Elternteile werden auf diese Weise ausgesucht.

Schließlich kann man aus der Gesamtpopulation Elternteile aussuchen über eine Wahrscheinlichkeitsfunktion, welche gegeben ist durch

$$p(j) = \frac{f(j)}{\sum_i f(i)}$$

wobei $f(i)$ die Fitneß des i-ten Chromosoms ist. Offenbar haben bei diesem Verfahren Chromosomen mit höherer Fitneß auch höhere Chancen.

Das zweite Verfahren besitzt den Vorteil, daß man bei jeder Generation nicht die Fitneß aller Elemente der Population berechnen muß, sondern nur für die Chromosomen, die für den Vergleich ausgewählt wurden. Dies wirkt sich günstig auf die Rechenzeit aus.

Nach der Auswahl der Eltern erfolgt die Rekombination, wie sie bereits in Abschnitt 5.1 beschrieben wurde: Aus jedem Elternteil entnehme man entweder ein terminales Symbol oder einen syntaktisch korrekten Ausdruck und vertausche beide. Dies sei an einem Beispiel erläutert:

Eltern:		(1)	+ (a, – (5,b))
		(2)	– (+ (3,c),· (2,a))
Wir entnehmen:	aus	(1)	a
	aus	(2)	+ (2,a)

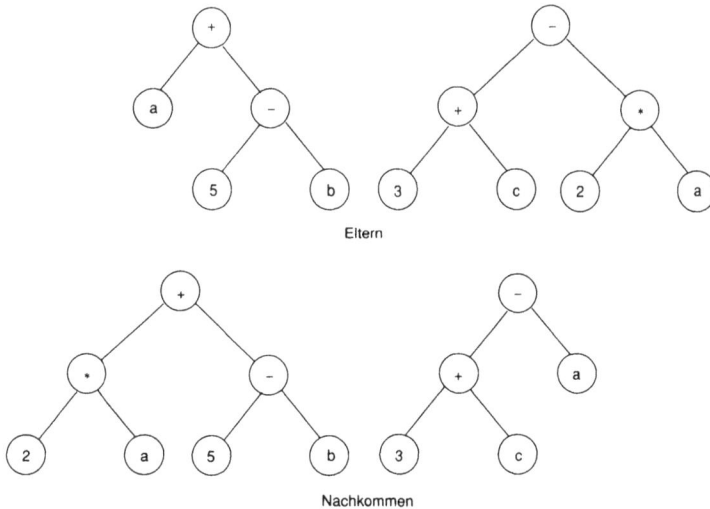

Abb. 28: Rekombination zweier Ausdrücke

Den ersten Ausdruck setzen wir in (2) und den zweiten in (1) ein und erhalten:

Nachkommen: (1) $+ (\cdot (2,a), - (5,b))$

                   (2) $- (+ (3,c),a)$

Die graphische Darstellung dieser Rekombination zeigt Abbildung 28.

5.4.1.2 Reproduktion

Reproduktion sucht aus einer vorhandenen Population Chromosomen mit guter Fitneß und übergibt diese unverändert der neuen Generation.

Es werden zwei Schritte ausgeführt:

1. Abhängig von der Fitneß wird ein Individuum ausgesucht.

2. Dieses Individuum wird unverändert der neu zu schaffenden Population übergeben.

Es existieren verschiedene Methoden der Auswahl von Chromosomen für die neue Generation. Alle basieren auf der Fitneß-Funktion. Zwei Möglichkeiten seien vorgestellt.

Die verbreitetste Methode besteht darin, aus der alten Population die fittesten auszusuchen. Wenn f(j) die Fitneß des Chromosoms Nr. j ist und die Gesamtheit aller Chromosomen aus N Individuen besteht, dann berechne man für alle Chromosomen j den Wert

$$p(j) = \frac{f(j)}{\sum_{i} f(i)}$$

Mit der Wahrscheinlichkeit p(j) wird dann das Chromosom Nr. j in die neue Generation eingefügt. Offensichtlich haben die Individuen mit einer hohen Fitneß die größere Chance zu überleben (Fitness propotionate selection).

Bei der Turnier-Methode (tournament selection) werden per Zufall zwei (oder mehr) Individuen ausgesucht. Ihr "Überlebenskampf" besteht darin, daß das Chromosom (oder auch mehrere) mit der höchsten Fitneß in die neue Generation übernommen wird.

Bei der "Over-Selection" werden die Chromosomen zu Gruppen zusammengefaßt, wobei die erste Gruppe die Individuen mit einer hohen Fitneß umfaßt und die zweite Gruppe den Rest. Einen Teil der Rechenzeit, der über 50 % liegt (z.B. 80 %) setzt man dann ein, nur die Gruppe 1 für genetische Operationen zuzulassen, die restliche Zeit für Gruppe 2. Diese Art der Selektion empfiehlt sich bei sehr großen Populationen.

110

5.4.2 Sekundäre Operationen

Die im folgenden beschriebenen Operationen sind nicht essentiell, d.h. man muß sie nicht unbedingt in eine genetische Programmierung einbauen. Allerdings können sie in Spezialfällen nützlich sein.

5.4.2.1 Mutation

Der Mutations-Operator sucht in einem ausgewählten Chromosom eine per Zufall fixierte Stelle und ersetzt einen an dieser Stelle beginnenden Unterausdruck durch einen neuen. Der neue Ausdruck wird über Zufall generiert.

Ein Beispiel möge dieses verdeutlichen:

Gegebener Ausdruck: $+ (- (w,x), \cdot (+ (1,2),c))$

Unterausdruck: $+ (1,2)$

zu ersetzen durch: a

neuer Ausdruck: $+ (- (w, x), \cdot (a,c))$

Die folgende Abbildung 29 verdeutlicht den Mutationsschritt:

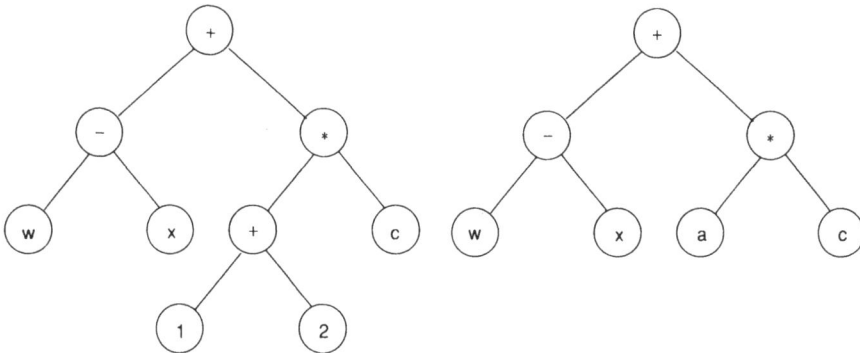

Abb. 29: Mutation: vorher und nachher

5.4.2.2 Editieren

Die Operation "Editieren" verkürzt Chromosomen, ohne daß sie ihre Bedeutung oder ihre Fitneß verlieren. Es gibt nämlich Unterausdrücke, die man durch ein terminales Symbol ersetzen kann. Als Beispiel betrachten wir den Ausdruck

$+ (1,4)$.

Dieser Ausdruck ist mathematisch identisch mit 1+ 4 und kann daher durch das Terminal 5 ersetzt werden.

Weitere Operationen dieser Art:

Algebraische Ausdrücke:

$\cdot\,(1,a) \quad \rightarrow \quad a$
$-\,(12,5) \quad \rightarrow \quad 7$

Bool'sche Ausdrücke:

$and(1,a) \quad \rightarrow \quad a$
$not(1) \qquad \rightarrow \quad 0$
$or(1,1) \qquad \rightarrow \quad 1$
$not(not\,(f)) \rightarrow \quad f$

Es ist sinnvoll, während eines Programmlaufes hin und wieder die Operation "Editieren" auszuführen, um die Komplexität der bereits gefundenen Ausdrücke zu reduzieren.

5.4.2.3 Permutation

Bei allgemeinen genetischen Algorithmen gibt es die Operation "Inversion" (vgl. Abschnitt 3.5.5), welche die Reihenfolge der Gene in einem Chromosom vertauscht. Bei arithmetischen Ausdrücken kann natürlich keine Inversion der Zeichen in der Folge sinnvoll sein, allerdings läßt sich die Reihenfolge der Operanden in einem Ausdruck beliebig verändern.

Beispiel: $+\,(+\,(3,c),y) \quad \rightarrow + (y, +\,(3,c))$

5.4.2.4 Einkapselung

Bei dieser Operation wird ein Teil eines Chromosoms durch ein Symbol ersetzt. So kann man z.B. in

$+\,(\cdot\,(2,s),d)$

die Multiplikation $\cdot\,(2,s)$ durch einen Ausdruck E ersetzen und erhält

$+\,(E,d)$

Die weitere Verarbeitung erfolgt dann mit dem Symbol E, was für die Ausdrücke unter Umständen eine erhebliche Vereinfachung darstellen kann.

5.5 Implementierung und Durchführung

5.5.1 Die Anfangspopulation

Bevor wir in die Rekursionen des Algorithmus einsteigen, benötigen wir eine Anfangspopulation. Diese beschaffen wir uns, indem wir zulässige Ausdrücke über Zufallszahlen produzieren.

Die Symbole, die in einem Chromosom auftreten, teilen wir ein in die Menge der Operatoren O und die Menge der terminalen Symbole (Konstanten, Zahlen) T. Bei arithmetischen Ausdrücken könnte z.B. sein:

O   = { +, −, ·, / }
T   = { x, y, 2, 1, − 1, 0 }

Über Zufallszahlen suchen wir zunächst ein beliebiges Element aus O. Dieses Element benötigt Operanden. Wir lassen Terminale und bereits entwickelte Ausdrücke als Operanden zu und wählen sie über Zufallszahlen aus. So könnten z.B. die folgenden Ausdrücke als Elemente einer Anfangspopulation entstehen, wenn man obige Operatorenmenge O und die Terminalmenge T zugrunde legt:

+ (1,2)
· (x,x)
/ (· (x,x),y)
+ (/ (· x,x),y),+(1,2)
− (+ (1,2),0)
usw.

Bei dieser Art der Generierung von Ausdrücken für die Anfangspopulation können offenbar keine Terminale (also Konstanten, Variablen) entstehen, sondern nur zusammengesetzte Ausdrücke. Hierdurch verhindert man, daß bei späteren genetischen Operationen wie z.B. Rekombination Ausdrücke verkürzt und damit in ihrer Komplexität verkleinert werden.

Allerdings sollten die Anfangsausdrücke auch nicht zu lang sein. Daher wählt man im allgemeinen eine Maximalzahl (z.B. 8) von Zeichen in einem Ausdruck, die nicht überschritten werden darf.

Es ist sinnvoll, die Anfangspopulation auf doppelte Ausdrücke zu untersuchen und im Fall von Duplizität die Duplikate durch neue Ausdrücke zu ersetzen. Populationen, in denen jeder Ausdruck eindeutig ist, haben einen höheren Informationsgehalt als solche, in denen Ausdrücke mehrfach vorkommen, und sind daher produktiver. Man kann so vorgehen, daß nach jeder Kreierung eines neuen Ausdruckes dieser auf Eindeutigkeit untersucht wird und nur dann in die Population eingereiht wird, wenn der Eindeutigkeitstest positiv ausgeht.

Um eine gute Anfangspopulation zu erhalten, wendet man hin und wieder einen Operator auf die gesamte Population an, den man "Dezimieren" nennt. Bei dieser Operation werden alle Individuen mit einer schlechten Fitneß (z.B. mit der Fitneß f(j) ≤ a, wobei a vorgegeben wird) eliminiert. Dabei vernichtet man aber nicht mehr als einen vorgegebenen Prozentsatz der Chromosomen. Zum Beispiel sollen alle Individuen mit der Fitneß 0 eliminiert werden, höchstens aber 20 %. Natürlich muß man dann dafür sorgen, daß der geplante Gesamtumfang der Population erhalten bleibt. Dies ist z.B. erreichbar, wenn man bei der Kreierung der Anfangspopulation mehr Individuen bereitstellt, als die Populationsgröße verlangt.

Die Größe einer Population ist abhängig von dem zu lösenden Problem. Eine Größenordnung von einigen hundert ist fast immer ausreichend.

5.5.2 Der Algorithmus

Die Aufgabe des Algorithmus besteht wie bei allen genetischen Verfahren in der Veränderung der Chromosomen und der Auswahl der fittesten. Für die Veränderung wurden oben eine Reihe von genetischen Operationen wie Rekombination, Mutation, Permutation usw. beschrieben. Dabei ist die Rekombination die bei weitem wichtigste, in vielen Anwendungen wird sie als einzige Operation eingesetzt. Für die Auswahl ist die Reproduktion (vgl. Abschnitt 5.3.1.2) zuständig.

Im folgenden sei ein Algorithmus beschrieben, der nur die Operationen Rekombination und Reproduktion benutzt. In diesem Fall könnte eine neue Population aus einer alten dadurch entstehen, daß z.B. 90 % der Chromosomen der alten Population für Rekombinationen ausgewählt werden und anschließend 10 % für eine Reproduktion.

[1] Wähle eine Anfangspopulation mit N Chromosomen (vgl. Abschnitt 5.4.1).

[2] Wähle k · N Chromosomen mit 0 < k < 1 und kreiere über Rekombination aus je zwei Chromosomen zwei neue Individuen.

[3] Wähle r · N Chromosomen (0 < r < 1) mit hoher Fitneß für die Reproduktion (siehe Kap. 5.3.1.2).

[4] Vereinige die in [2] und [3] geschaffenen bzw. ausgewählten Chromosomen zu einer neuen Population (Es ist k + r = 1).

[5] Beginne mit dieser Population bei [2]. Höre auf, wenn das Abbruchkriterium erfüllt ist.

Es ist problemlos, weitere genetische Operationen, wie sie oben beschrieben wurden, in den Algorithmus einzubauen.

5.5.3 Abbruchkriterium und Parameter

Die Ablaufbedingungen des Algorithmus sind durch Parameter wie Populationsgröße, Reproduktionswahrscheinlichkeit r, Rekombinationswahrscheinlichkeit k usw. gegeben. Diese Parameter sind frei wählbar und müssen vom Programmierer in Abhängigkeit von dem zu lösenden Problem festgelegt werden.

Die Definition des Umfangs der Population ist abhängig von der Größe des Suchraumes. Typische Größen liegen bei einigen hundert bis maximal 1000. Die Rekombinationswahrscheinlichkeit k (siehe [2] im Algorithmus) sollte weit größer sein als die Reproduktionswahrscheinlichkeit r ([3] im Algorithmus). Sinnvoll ist z.B. k = 0,9 und r = 0,1. Sind weitere genetische Operationen zugelassen, ist natürlich k + r < 1 zu wählen und weitere Wahrscheinlichkeiten für diese sekundären Operationen sind festzulegen.

Zudem ist festzulegen, wie lang die Ausdrücke der Anfangspopulation (gemessen in Zeichenanzahl) höchstens sein dürfen sowie die Maximallänge der Chromosomen insgesamt.

Der Abbruch des Algorithmus sollte erfolgen, wenn entweder eine vorgegebene Anzahl von Generationen erzeugt wurde oder wenn ein fast richtiges oder auch absolut richtiges Chromosom gefunden wurde.

5.5.4 Das Computerprogramm

Ein Computerprogramm, welches eine genetische Programmierung durchführt, enthält charakteristische Programmteile, welche im folgenden skizziert werden sollen.

1. Bereitstellung aller Anfangswerte: Neben den Programmparametern wie Populationsgröße, maximale Länge der Ausdrücke, Rekombinations- und Reproduktionswahrscheinlichkeiten hat der hierfür zuständige Programmteil die Aufgabe, die Anfangspopulation zu erstellen. Während die oben erwähnten Parameter im allgemeinen eingelesen werden, erfolgt der Aufbau der Anfangspopulation über Zufallsgrößen. Die terminalen Symbole und die Funktionssymbole werden – gesteuert von Zufallszahlen – nach den Regeln der Grammatik der gewünschten Ausdrücke zusammengesetzt.

2. Die Berechnung der Fitneß: Dieser Programmteil hat für einen vorgegebenen Ausdruck die zugehörige Fitneß zu berechnen. Hierzu benötigen wir einen Parser, der den zu analysierenden Ausdruck nach den Regeln der grundlegenden Grammatik zerlegt und sodann den zugehörigen Wert berechnet. So müßte ein solcher Programmteil für den Ausdruck + (1,x) mit x = 5 die Gleichung y = x + 1 = 6 ermitteln. Läßt sich

der Wert eines Ausdruckes ermitteln, ist es problemlos, die Fitneß auszurechnen. Die Rechenmethode richtet sich nach dem Grundproblem (Differentialgleichung, Bool'scher Ausdruck usw.) und kann nicht allgemein angegeben werden. Hier sei auf die Beispiele ab Abschnitt 5.6 verwiesen.

3. Die restlichen Programmteile: Des weiteren benötigen wir noch Programmteile zur Durchführung der Rekombinationen, zur Ermittlung der Chromosomen mit der besten Fitneß und zur Reproduktion. Fassen wir diese und die oben beschriebenen Teile in einer globalen Schleife mit einem geeigneten Abbruchkriterium zusammen, erhalten wir die Codierung zur genetischen Programmierung.

5.6 Beispiel: Das Auffinden Bool'scher Ausdrücke

Die Bool'sche Algebra behandelt bekanntlich Ausdrücke, deren Konstanten nur die Werte 0 und 1 annehmen können. In der Aussagenlogik steht 1 für "wahr" und 0 für "falsch", in der Beschreibung von elektronischen Digitalschaltungen steht 1 für "Spannung" und 0 für "keine Spannung".

Die Operatoren sind:

$$\text{Und-Operator} \quad a \text{ und } b = \begin{cases} 1 & \text{falls } a = b = 1 \\ 0 & \text{sonst} \end{cases}$$

$$\text{Oder-Operator:} \quad a \text{ oder } b = \begin{cases} 1 & \text{falls } a = 1 \text{ oder } b = 1 \\ 0 & \text{sonst} \end{cases}$$

Darüber hinaus gibt es noch den Nicht-Operator:

$$\text{Nicht-Operator:} \quad \text{nicht}(a) = \begin{cases} 1 & \text{falls } a = 0 \\ 0 & \text{falls } a = 1 \end{cases}$$

Wir führen für die Operatoren die Präfixdarstellung ein:

Und-Operator: + (a,b),
Oder-Operator: − (a,b),
Nicht-Operator: ^ (a).

Der Ausdruck + (a, − (1,^ (b))) entspricht jetzt dem Bool'schen Ausdruck:

a und (1 oder nicht (b)).

Durch genetische Programmierung soll ein Ausdruck für die folgende Bool'sche Funktion gefunden werden:

Eingabe		Ausgabe
e1	e2	a
0	0	1
0	1	0
1	0	1
1	1	1

In einem Programmlauf wurden die folgenden Anfangsausdrücke vorgegeben:

0 1 a b + (a,b) − (a,b) ^ (a)

Diese Ausdrücke wurden auf eine Anfangspopulation von der Größe
150 verteilt. (Dies entspricht nicht ganz den Vorgaben für Anfangspopu-
lationen aus Abschnitt 5.4.1, nach denen Ausdrücke in der ersten Population nicht mehrfach vorkommen sollten. Bei kleineren Problemen wie
dem vorliegenden kann man von dieser Forderung absehen.)

Die Berechnung der Fitneß sei an einem Beispiel demonstriert: Gegeben sei der Ausdruck

E(a,b) = ^ (+ (a,− (b,0)))

Die folgende Tabelle zeigt den Wert des Ausdrucks für verschiedene
Eingaben a und b sowie – in der letzten Spalte – die

a	b	E(a,b)	Zielwert
0	0	1	1
0	1	1	0
1	0	1	1
1	1	0	1

gewünschte Zielausgabe. Offenbar liefert der Ausdruck für zwei Einga-
bepaare falsche Werte. Ist Z(a,b) die Zielausgabe, gilt:

$$F(E) = \sum_a \sum_b |E(a,b) - Z(a,b)| = 2$$

F(E) ist als Fitneß geeignet. Ein Ausdruck ist exakt, wenn F(E) minimal
ist und den Wert 0 annimmt.

Aus der Population wurden über Zufallszahlen je zwei Ausdrücke her-
ausgegriffen und über Rekombination miteinander verbunden. Die so
entstehenden Nachkommen wurden in die Population eingefügt, indem

vorher zwei Chromosomen mit sehr niedriger Fitneß gelöscht wurden. Nach 525 Rekombinationen fand der Rechner den folgenden die Funktion beschreibenden und damit korrekten Ausdruck:

– (b,^ (a))   bzw.   b oder nicht (a).

Nach weiteren 470 Rekombinationen ergab sich ein weiterer korrekter Ausdruck:

– (b,– (b,^ (a))).

5.7 Mathematische Anwendungen

5.7.1 Regression

5.7.1.1 Grundlagen

Die Aufgabe der Regression besteht darin, für vorgegebene Punkte (x_i, y_i) eines Koordinatensystems (Meßpunkte) einen arithmetischen Ausdruck zu finden, der möglichst genau die Lage der Punkte beschreibt.

Beispiel:

Gegeben seien die Meßpunkte (1,2); (2,3); (3,5); (4,5). Gesucht sind Ausdrücke wie z.B.:

$$y(x) = 1 + x + 0,2 \cdot x^2$$

oder

$$y(x) = 2 \cdot x - 0,01 \cdot \exp(x)$$

welche möglichst genau die Lage der Punkte beschreiben.

"Möglichst genau" bedeutet, daß die Kurve des gefundenen Ausdrucks ungefähr dem Verlauf der Punktefolge im Koordinatensystem entspricht. Der Fehler im Sinne einer Fehlerfunktion sollte möglichst klein sein. Ein häufig benutztes Fehlermaß ist die Summe der quadrierten Fehler:

$$\sum_i (y(x_i) - y_i)^2$$

In diesem Fall spricht man von diskreter Gaußapproximation.

Im obigen Beispiel wurden die Meßpunkte dadurch angenähert, daß im ersten Fall die Funktionen 1, x und x^2 mit geeigneten Konstanten multipliziert und addiert wurden. Im zweiten Fall waren die Funktionen x und exp(x) vorgegeben. Derartige Funktionen bezeichnet man als Basisfunktionen.

Wählt man als Basisfunktionen 1 und x, hat man die lineare Regression, bei 1, x, x^2 spricht man von quadratischer Regression. schließlich liegt bei 1, sin(kx), cos(kx) eine Approximation zur Fouriereihe vor.

Die Bestimmung der Basisfunktionen obliegt im allgemeinen dem, der eine Regression durchführen will, das Rechenverfahren ermittelt dann die zugehörigen Konstanten.

Allerdings kann man es den Meßpunkten nicht immer ansehen, welche Basisfunktionen sinnvoll sind. Mit Hilfe genetischer Programmierung lassen sich aus einer Menge von vorgegebenen Funktionen optimale Basisfunktionen auswählen. Diese Auswahl bezeichnen wir als symbolische Regression. Wenn darüber hinaus noch die Konstanten, mit denen die Basisfunktionen zu multiplizieren sind, ermittelt werden sollen, sprechen wir von symbolischer Regression mit Bestimmung der Konstanten. Die erste Form der einfachen symbolischen Regression finden Sie im folgenden Abschnitt, die zusätzliche Bestimmung der Konstante im übernächsten Abschnitt.

5.7.1.2 Symbolische Regression

Die symbolische Regression mit Hilfe der genetischen Programmierung sei an einem Beispiel vorgeführt, eine Verallgemeinerung auf allgemeine Probleme ist leicht durchzuführen.

Gegeben seien die folgenden Meßpunkte:

(0,5; 2,2) (1; 3,1) (1,5; 4,2) (2; 6,3) (2,5; 8,2)

(3; 10,8) (3,5; 14,2) (4; 17)

In dem Koordinatensystem der Abbildung 30 sind alle Punkte eingezeichnet. Wir suchen eine Formel mit der Variablen x, deren Kurve die Meßpunkte möglichst gut annähert (Die später durch genetische Programmierung gefundene Kurve $y = 2 + x^2$ wurde ebenfalls eingezeichnet.)

Als Funktionsmenge wählen wir F = {1,x} und als Operatorenmenge die Menge O = {+.-. · }. Aus diesen Vorgaben erhält man Ausdrücke wie + (x,1) oder + (· x,x),x) usw. Mathematisch entstehen Funktionen, die als Polynome bekannt sind (allerdings mit Koeffizienten +1 oder −1).

In einem Programm wurde über die genetische Programmierung eine approximierende Funktion gesucht. Die Eigenschaften und Parameter des Programms waren:

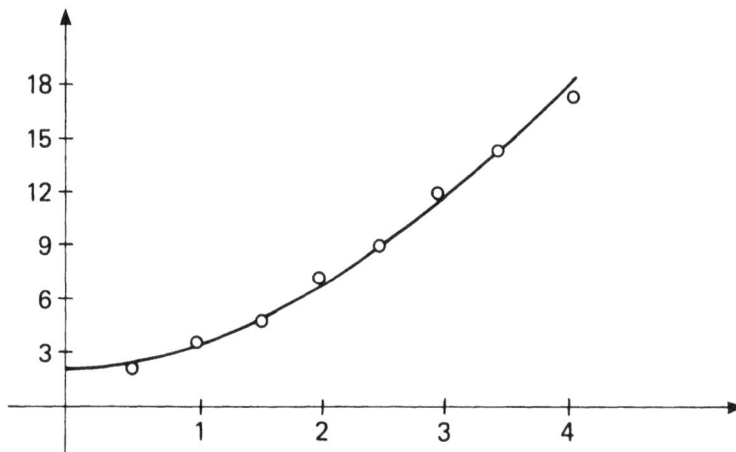

Abb. 30: Meßpunkte und die durch die genetische Programmierung gefundene Kurve $y = 2 + x^2$

Symbole für die Ausdrücke:	$1, x, +, -, \cdot$
Populationsgröße:	$P = 50$
Maximale Zeichenlänge:	$L = 60$
Genetische Operationen:	Rekombination, Reproduktion

Rekombinationswahrscheinlichkeit: $p(c) = 0,85$

Reproduktionswahrscheinlichkeit: $p(r) = 0,15$.

Fitneß:

Bezeichnet man die zu approximierenden Punkte mit $(x(k), y(k))$ $(k = 1, 2, \ldots 8)$ und ist $Y(k)$ der Funktionswert der Funktion, die als Regressionskurve gefunden wurde, dann ist eine Funktion um so besser, je kleiner

$$\Phi = \sum_k |Y(k) - y(k)|$$

ist (bei $\Phi=0$ wäre der Ausdruck exakt). Dies entspricht der in Abschnitt 5.3 definierten Roh-Fitneß. Im Programm wurde die Standardfitneß $\sigma = 100 - \Phi$ benutzt, so daß ein Individuum um so besser ist, je größer σ ist.

Rekombination:

Es wurden $p(c) \cdot P = 0,85 \cdot 50 \approx 43$ Eltern für eine Rekombination ausgesucht. Das Suchverfahren für jedes Individuum war die Turnier-Methode (vgl. Kap. 5.4.1.1).Bei jedem Paar wurden durch Rekombination zwei Nachkommen erzeugt. Danach wurden Nachkomme Nr. 1 mit dem Elternteil Nr. 1 und Nachkomme Nr. 2 mit dem Elternteil Nr. 2 bezüglich der Fitness verglichen. Bei jedem der beiden Vergleiche überlebte das Chromosom mit der höchsten Fitneß.

Reproduktion:

$p(r) \cdot P = 0,15 \cdot 50 \approx 7$ Individuen sollten zum Überleben ausgesucht werden. Dies geschah über die Turnier-Methode. Jedes Individuum ersetzte dann in der Population das Chromosom mit der niedrigsten Fitneß.

Erzeugung einer neuen Generation:

Eine Generation von 50 Chromosomen wurde zunächst 43 Rekombinationen (siehe oben) ausgesetzt und dann sieben Reproduktionen.

Ergebnis:

Nach 4 Generationen (ausgehend von Generation 0) lieferte das Programm den bis dahin besten Ausdruck:

$+ (+ (1,1), \cdot (x,x))$

Dies entspricht dem Ausdruck $2 + x^2$. Die zugehörige Fitneß wurde mit 98,2 ausgegeben. Dies entspricht einem Gesamtfehler von $100 - 98,2 = 1,8$ oder einem mittleren Fehler pro Punkt von 0,225. Wegen der wenigen Terminale (1 und x) und da keine Konstanten bestimmt wurden, ist möglicherweise keine bessere Approximation zu erwarten.

5.7.1.3 Regression mit Konstanten

Im Abschnitt 5.7.1.2 beschränkte sich die Regression auf eine optimale Zusammensetzung der Grundfunktionen 1 und x durch die Operationen $+, -, \cdot$. Eine höhere Genauigkeit ist erzielbar, wenn Konstanten zugelassen werden, die entsprechend den formalen Regeln in die Ausdrücke eingebaut werden. Auf diese Art würde man z.B. Ausdrücke wie

$$y = 0,4523 \cdot x - 3,1327 \cdot x^2$$

als Regressionskurven erhalten.

Ein möglicher Ansatz, solche Konstanten in die genetische Entwicklung der Regressionsausdrücke zu integrieren, besteht in folgendem:

Man erweitere die Menge der terminalen Symbole (in Abschnitt 5.7.1.2 die Symbole 1 und x) durch das Symbol K (= Konstante). Bei der Generierung der Anfangspopulation entstehen dann Ausdrücke wie

+ (K,3)   · (− (2,K),4)   + (− (· (x,x),K), (K,x))

Jedesmal, wenn beim Aufbau der Ausdrücke der Anfangspopulation ein K auftaucht, erzeuge man mit Hilfe eines Zufallsgenerators eine Konstante c und ersetze K durch c. Auf diese Art erhält man für jedes K der Anfangspopulation eine andere Konstante. Die so produzierten Konstanten werden später durch Rekombinationen zwischen den Ausdrücken ausgetauscht und bleiben durch die Generationen hindurch erhalten. Natürlich stehen mit diesem Verfahren nur endlich viele Konstanten zur Verfügung.

Die Programmierung dieser Methode schließt die Codierung von Ausdrücken ein wie z.B.:

+ (3,474,x)   + (− (x,8,2364), − 4,265784)

Zur Verarbeitung solcher Ausdrücke bieten sich bei den gängigen Programmiersprachen alle Hilfsmittel zur String- oder Zeichenverarbeitung an. Eine relativ problemlose Möglichkeit zur Umstellung der Ausdrücke hat man, wenn alle im Ausdruck vorkommenden Zeichen die Länge 1 haben, wie das bei der symbolischen Regression (Abschnitt 5.7.1.2) der Fall war. Läßt man Konstanten zu, ist dieses Konzept nicht mehr gegeben.

Benötigt man nur wenige Konstanten, bietet sich der folgende Ausweg an: Man ordne den Konstanten Ziffern zu und setze diese in die Ausdrücke stellvertretend ein:

+ (2,x)   + (− (x,5), 3)

Beim Auswerten der Ausdrücke ersetze man die Ziffern k durch die Konstanten a[k], wobei a[1], a[2], ... ein Array ist, in dem zu Beginn der Rechnung die Konstanten durch Zufallszahlen erzeugt wurden.

5.7.2 Symbolische Integration und Differentiation

5.7.2.1 Symbolische Integration

Gegeben sei eine Funktion, entweder in Form eines Ausdrucks y = f(x) oder als Menge von Punkten (x,y) im Koordinatensystem. Gesucht ist ein mathematischer Ausdruck y = F(x) für das Integral, so daß F'(x) = f(x).

Der Ausdruck F(x) ist über die genetische Programmierung auffindbar, wenn er mit Hilfe der verwendeten Grundfunktionen und Operationen, die zur Generierung der Anfangspopulation benutzt werden, darstellbar ist.

Liegt die zu integrierende Funktion in Form von diskreten Punkten vor, so benutzen wir diese. Liegt ein mathematischer Ausdruck wie z.B. $y = \sin(x^2)$ vor, erzeugen wir solche Punkte. Wir gehen also aus von einer zu integrierenden Funktion, die gegeben ist durch die Punkte im Koordinatensystem:

(x_1, y_1) (x_2, y_2) (x_3, y_3) (x_4, y_4) ... (x_n, y_n)

Der Einfachheit halber nehmen wir an, daß die x-Werte äquidistant sind, daß also

$x_{j+1} - x_j = h$ (h = Schrittweite)

Mit Hilfe einer Integrationsformel – hier der Trapezformel – ermitteln wir die folgenden Werte:

$$z_i = \frac{1}{2} \cdot h \cdot (y_1 + \sum_{k=2}^{i-1} 2 \cdot y_k + y_i)$$

z_i gibt offenbar den Wert der Integralfunktion an der Stelle x_i an. Für die durch die Punkte (x_i, z_i) (i = 1, 2, ... n) gegebene Funktion führe man nun eine Regression durch, wie sie in Abschnitt 5.7.1 beschrieben wurde. Diese stellt offenbar – zumindest in Näherung – eine Integralformel dar. Falls die zur genetischen Programmierung verwendeten Funktionen und Operatoren die gesuchte Funktion beschreiben können, erhält man die Integralfunktion exakt.

Als Beispiel betrachten wir die Funktion

$y = \exp(-x^2)$ $(0 \le x \le 1)$

Diese Funktion ist nicht geschlossen integrierbar, die Integration ist nur numerisch möglich. Die symbolische Integration bietet die Möglichkeit, einen geschlossenen Ausdruck zu ermitteln, der zwar nicht exakt, wohl aber näherungsweise das Integral beschreibt.

Ein Programm lieferte bei einer kleinen Population von 50 Chromosomen bei den Funktionen 1, x, $\exp(-x)$, $\exp(-x^2)$ und den Operationen +, –, · nach nur 6 Generationen den Ausdruck

$\cdot (x, \% (- (\% (- (- (x, \& (x)), 1)), x)))$

Hier steht %(a) für $\exp(-a^2)$ und &(a) für $\exp(-a)$.

Dieser Ausdruck entspricht der Funktion

$Y = x \cdot \exp\{ - [\exp[- (x - \exp(x) - 1)^2] - x]^2\}$

Die Tabelle 9 zeigt im Vergleich die numerischen Integralwerte und die durch obige Formel berechneten Werte. Die Aufgabe, aus den Basisfunktionen 1, x, exp(−x) und exp(−x^2) eine Integralformel für die formal nicht integrierbare Funktion y = exp(−x^2) zu komponieren, wurde damit zufriedenstellend gelöst. Höhere Genauigkeiten erhält man, wenn man mehr Basisfunktionen auswählt und damit den Komplexitätsgrad erhöht.

x	Wert der Trapezformel	Wert von $x \cdot \exp\{ -[\exp[-(x - \exp(x)-1)^2] - x]^2\}$
0,1	0,100	0,100
0,2	0,197	0,197
0,3	0,291	0,291
0,4	0,384	0,379
0,5	0,479	0,461
0,6	0,578	0,534
0,7	0,680	0,600
0,8	0,784	0,657
0,9	0,886	0,706
1,0	0,984	0,746

Tabelle 9: Die Integralwerte (Integral von 0 bis x über exp(−x^2)), berechnet mit der Trapezformel und mit der über genetische Programmierung gefundenen Formel

5.7.2.2 Symbolische Differentiation

Gegeben sei eine Funktion f(x) und gesucht ist die Ableitung in Form eines mathematischen Ausdruckes.

Wie bei der symbolischen Integration diskretisieren wir die Funktion y = f(x), indem wir für die x-Werte

$x_1, x_2, \ldots x_N$ die zugehörigen y-Werte $y_1, y_2, \ldots y_N$

berechnen. Sodann ermitteln wir näherungsweise die Ableitungen nach den Formeln:

$$y'_i = \frac{y_{i+1} - y_{i-1}}{x_{i+1} - x_{i-1}} \quad (i=2, 3, \ldots, N-1)$$

Die Ableitungen der Randpunkte erhält man durch

$$y'_1 = \frac{y_2 - y_1}{x_2 - x_1} \qquad y'_N = \frac{y_N - y_{N-1}}{x_N - x_{N-1}}$$

Für die nunmehr vorliegenden Punktepaare (x_i, y'_i) (i = 1, 2, …, N) kann man über eine symbolische Regression (siehe Abschnitt 5.7.1) einen arithmetischen Ausdruck finden, der – in Näherung – die Ableitung beschreibt.

Für die symbolische Differentiation benötigt man vergleichsweise mehr Punkte als bei der symbolischen Integration, da die numerische Differentiation weniger genau ist. Würde man z.B. eine Integration mit 20 Punkten durchführen, sollte man (für das gleiche Intervall) bei der symbolischen Differentiation eine Punktezahl zu Grunde legen, die größer als 60 ist.

5.7.3 Die symbolische Lösung von Differentialgleichungen

Das Auffinden einer Funktion in symbolisch-mathematischer Form als Lösung einer Differentialgleichung ist – zumindest in Näherung – über die genetische Programmierung möglich.

Das Verfahren sei an einem Beispiel erläutert und läßt sich leicht verallgemeinern. Gegeben sei die Differentialgleichung

[5.1] $y' = (y + 1) \cdot \cos(x)$

mit der Anfangsbedingung

[5.2] $y(0) = 0$

im Intervall $0 \le x \le 1$.

(exakte Lösung: $y = -1 + \exp(\sin(x))$)

Die Terminalmenge $T = \{1, x\}$
und die Operatorenmenge $O = \{\exp, \cos, \sin, +, \cdot, -\}$

seien die Basis für eine genetische Programmierung. Wir suchen also eine Funktion, die sich aus obigen Terminalen und Operatoren zusammensetzen läßt und der Lösung möglichst nahe kommt.

Zunächst haben wir die Fitneß-Funktion zu definieren. Dazu diskretisieren wir die Differentialgleichung mit

[5.3] $D(i) = \dfrac{y_{i+1} - y_i}{h} - (y_i + 1) \cdot \cos(i \cdot h)$

für $i = 0, 1, 2, \ldots, N$ und $h > 0$ (Schrittweite).

Ein Term, der die Lösung der Differentialgleichung möglichst genau beschreiben soll, muß, in [5.3] eingesetzt, der Zahl 0 nahe kommen für jedes einzelne i. Daraus ergibt sich, daß die Summe

[5.4] $S = \sum_i |D(i)|$

möglichst klein sein muß.

Da auch die Anfangswertbedingung [5.2] erfüllt werden muß, ergibt sich als zusätzliche Forderung:

[5.5] $\left|y_0\right| = 0$

Daher kann man die Rohfitneß ansetzen mit

$F = p \cdot S + q \cdot \left|y_0\right|$

wobei p und q zwei positive Zahlen sind mit p + q = 1 und p > q.

Ist F = 0, hat man die exakte Lösung. Je kleiner der Wert, um so besser ist die Lösung.

Aus F erhält man schließlich die Standardfitneß:

$Fit = F_{max} - F$

wobei F_{max} ein geschätzter maximaler Rohfitneß-Wert ist (oder auch eine obere Abschätzung).

In einem Programm wurde $F_{max} = 100$, p = 0,6 und q = 0,4 gewählt. Die terminalen Symbole waren 0, 1 und x sowie die Funktionen exp(x), cos(x) und sin(x). Das Programm lieferte nach einer Generation den Ausdruck

− (− (x,x,),1)

mit der Fitness F = 99,6. Dies entspricht der Funktion y = −1, die zwar eine exakte Lösung der Differentialgleichung ist, aber der Anfangsbedingung nicht genügt.

Als Lösung mit F = 100 ergibt sich (nach längerer Rechnung) der Ausdruck

+ (− (0,1), exp (sin (x)))

Dies entspricht der Funktion y = − 1 + exp(sin(x)) und ist die Lösung des Anfangswertproblems.

5.8 Anwendungen in der Regelungstechnik

5.8.1 Balancieren eines Stabes

5.8.1.1 Das mathematische Modell

Als Demonstrationsbeispiel für die Leistungsfähigkeit eines Verfahrens oder eines Algorithmus im Bereich "Regeln und Steuern" wählt man oft das Problem des Balancierens eines Stabes. So konstruierte die Firma Hecht-Nielsen Neurocomputers (HNC) in San Diego/USA eine von

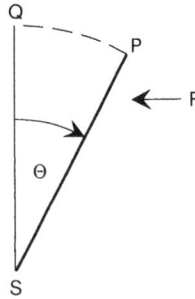

Abb. 31: Zu balancierender Stab

neuronalen Netzen geregelte "Besen-Balanciermaschine" (the broom-stick balancing machine). Ein Wagen, der in x- und y-Richtung fahren kann, balanciert einen Besen. Der Besen wird sogar gehalten, wenn er von außen angestoßen wird oder wenn man an der Besenspitze ein Gewicht befestigt. Dieses System zeigt die Leistungsfähigkeit neuronaler Netze bei mechanischen Regelsystemen.

Daß man hier auch die genetische Programmierung einsetzen kann, wurde z.B. von J. R. Koza in [Ko92] gezeigt. Im folgenden soll dieses an einem Beispiel gezeigt werden:

Der Stab SP (Abb. 31) sei um den Winkel $\Theta(t)$ (t = Zeit) aus der Ruhelage SQ gedreht. Eine Kraft F wirke auf den Endpunkt P des Stabes. Diese Kraft soll so ausgelegt werden, daß der Stab wieder in die Ruhelage übergeht, daß er also balanciert wird.

Wir nehmen vereinfachend an, daß die Masse m des Stabes im Endpunkt P vereinigt sei. Ist d die Länge des Stabes und s(t) der Weg, den P bis zur Zeit t zurücklegt, gilt:

$$m \cdot s''(t) = m \cdot d \cdot \Theta''(t)$$

Andererseits ist wegen der Wirkung der Schwerkraft auf den Stab (vgl. Abb. 32):

$$m \cdot s''(t) = m \cdot g \cdot \sin(\Theta(t)) \quad \text{(g = Erdbeschleunigung)}$$

so daß für die Funktion $\Theta(t)$ gilt:

$$m \cdot d \cdot \Theta''(t) = m \cdot g \cdot \sin(\Theta(t))$$

falls keine äußeren Kräfte auf den Stab wirken. Läßt man die äußere Kraft F (wie in Abb. 31 eingezeichnet) zu, erhält man

$$m \cdot d \cdot \Theta''(t) = m \cdot g \cdot \sin(\Theta(t)) - F.$$

Wir normieren d zu 1 und erhalten für $\Theta(t)$ die Differentialgleichung:

127

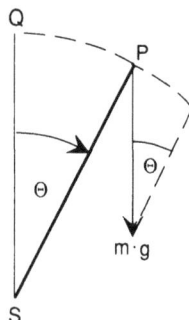

Abb. 32: Wirkung der Schwerkraft auf den Stab

$$\Theta''(t) = g \cdot \sin(\Theta(t)) - F$$

In dieser Differentialgleichung substituieren wir

[5.6] $\Theta'(t) = \Phi(t)$

und erhalten

[5.7] $\Phi'(t) = g \cdot \sin(\Theta(t)) - F$

[5.6] und [5.7] stellen ein Differentialgleichungssystem 1. Ordnung dar. Ersetzt man die Ableitungen durch ihre Differenzenquotienten, kommt man auf die Differenzengleichungen

[5.8] $\Theta_{j+1} = \Theta_j + h \cdot \Phi_j$

[5.9] $\Phi_{j+1} = \Phi_j + h \cdot g \cdot \sin(\Theta_j) - h \cdot F$

(h = Schrittweite, j = 0, 1, 2, 3, …)

Die Gleichungen [5.8] und [5.9] gestatten bei Vorgabe von Anfangswerten Θ_0 und Φ_0 die Berechnung aller Werte Θ_j, Φ_j und beschreiben damit das zeitliche Verhalten des Stabes.

5.8.1.2 Der Algorithmus

Die Kraft F soll nun so bestimmt werden, daß der Stab ins Gleichgewicht kommt.

F darf nicht zu groß sein, wenn der Stab schon fast in Ruhelage ist, wenn der Winkel Θ also klein ist. Dies ist erreichbar, wenn man F ansetzt mit

$F = f \cdot \Theta$

wobei f eine Kraftdichte (pro Winkel) ist. f wird als Funktion der Zeit, also f(t), gewählt.

Die Funktion f(t) hängt von den Systemgrößen $\Theta(t)$ und $\Phi(t)$ ab, also

$$f(t) = g(\Theta(t), \Phi(t)) = g(\Theta, \Phi)$$

Die Funktion $g(\Theta, \Phi)$ ist unbekannt und soll über genetisches Programmieren ermittelt werden.

Wir nehmen an, daß $g(\Theta, \Phi)$ als Ausdruck in den Terminalen 1, Φ, Θ und den Operatoren $+$, $-$, $\cdot$ darstellbar ist. Also produzieren wir durch genetische Programmierung einen Ausdruck dieser Art und prüfen seine Fitneß. Insgesamt suchen wir den Ausdruck mit der höchsten Fitneß.

Wie ist die Fitneß zu definieren? Die Funktion $g(\Theta, \Phi)$ ist optimal, bei der in kürzest möglicher Zeit der Stab in die Gleichgewichtslage gebracht werden kann. Die Gleichgewichtslage ist erreicht, wenn $\Theta = \Phi = 0$ ist. Da dies bei einer Diskretisierung nicht exakt erreichbar ist, definieren wir das Gleichgewicht durch die Ungleichung:

[5.10] $\Theta^2 + \Phi^2 < 0,1$

Die Fitneß für den Ausdruck $f(t) = g(\Theta, \Phi)$ erhalten wir durch den folgenden Algorithmus:

[1] Gebe Anfangswerte $\Theta(0)$, $\Phi(0)$ vor und setze $t = 0$.

[2] Berechne $F = f(t) \cdot \Theta(t) = g(\Theta, \Phi) \cdot \Theta$.

[3] Berechne mit [5.8], [5.9] $\Theta(t+h)$ und $\Phi(t+h)$.

[4] Falls für die neuen Werte Φ, Θ gilt: $\Phi^2 + \Theta^2 > 0,1$, fahre fort bei [2].

Die Zahl der Durchläufe bis zum Abbruch ist offenbar ein Maß für die Zeit bis zum Erreichen der Gleichgewichtslage. Aus Rechenzeitgründen lassen wir nur maximal 20 Durchläufe zu. Ist bis dahin kein Gleichgewicht erreicht, definieren wir für die Roh-Fitneß den Wert 20, andernfalls die Zahl N der Durchläufe. Die Standard-Fitneß wird dann festgelegt mit

fit $:= 20 - N$

Offenbar entspricht der höheren Fitneß die bessere Gleichung. Fitneß 0 bedeutet, daß kein Gleichgewicht hergestellt werden konnte und Fitneß 18 würde z.B. bedeuten, daß nach $20 - 18 = 2$ Stabilisierungsschritten die Balancelage erreicht wurde.

In einem Programm zur Ermittlung der Funktion $f = g(\Theta, \Phi)$ für das in Abschnitt 5.8.1.1 beschriebene Balance-Problem wurden für die genetische Programmierung die folgenden Operationen gewählt:

$O = \{ +, -, \cdot, s \}$

Hier sind $+$, $-$, $\cdot$ die bekannten zweiwertigen arithmetischen Operationen und $s(x)$ ändert das Vorzeichen von x, also

$$s(x) = \begin{array}{ll} x & \text{falls} \quad x < 0 \\ -x & \text{falls} \quad x \geq 0 \end{array}$$

Die Menge der Terminale war

$$T = \{\Theta, \Phi, 1\}$$

Die Fitneß wurde nach der oben beschriebenen Methode berechnet. Die folgenden Parameter wurden gesetzt:

[1] Der Gleichgewichtszustand (Balance) war definiert für den Fall, daß $\Theta^2 + \Phi^2 \leq 0,08$.

[2] Die Schrittweite in den Differenzengleichungen [5.8], [5.9] war $h = 0,05$.

[3] Die Anfangsposition des Stabes war gegeben $\Theta(0) = -0,3, \Phi(0) = 0,4$.

[4] Die Populationsgröße war 100.

Das Programm lieferte:

Nach 85 Rekombinationen und 15 Reproduktionen (Erzeugung der ersten Generation) waren 67 Ausdrücke mit der Fitness >0 gefunden. Der beste Ausdruck mit der Fitneß 17 war

$$+ (s (- (\Phi, - (\Theta, \Phi))), s (\Phi))$$

Dies entspricht der Funktion

$$f = -(\Phi - (\Theta - \Phi) + (-\Phi) = \Theta - 3 \cdot \Phi$$

Dieser Ausdruck für die Kraftdichte garantiert, daß der Stab bereits nach drei Zeitschritten im Gleichgewicht ist.

Der zweitbeste Ausdruck mit der Fitneß 16 war

$$f = +(\cdot (s (\Phi),1), + (\Theta, \cdot (\Theta, - (\Theta, \Phi))))$$

bzw.

$$f = \Theta^2 - \Theta \cdot \Phi + \Theta - \Phi$$

Der einfache Ausdruck Θ hatte die Fitneß 14 und Φ die Fitneß 0.

Bei einer Wahl der Anfangswerte $\Theta(0) = 0,3$, $\Phi(0) = \Theta'(0) = 0,4$ wurde kein Ausdruck zur Generierung der Balance gefunden. Alle Ausdrücke hatten die Fitneß 0. Eine direkte grafische Simulation am Bildschirm zeigte für verschieden gewählte Funktionen f, daß dann zwar der Nulldurchgang erreichbar ist, die Winkelgeschwindigkeit Φ aber zu diesem Zeitpunkt zu groß ist, um eine Balance herstellen zu können.

In anderen Ansätzen (vgl. z.B. [Ko92]) wird die Funktion f nicht als Ausdruck generiert, sondern als Konstante (z.B. 1) festgelegt. Lediglich das Vorzeichen wird über genetische Programmierung generiert, indem ein Ausdruck $z = g(\Theta, \Phi)$ erzeugt wird und das Vorzeichen ermittelt wird durch die Regel

$$z > 0 \Rightarrow f > 0 \quad : \quad z < 0 \Rightarrow f < 0$$

5.8.2 Allgemeine Regelsysteme

Obige Stabregelung läßt sich leicht verallgemeinern:

Gegeben sei ein zeitabhängiges System, welches durch die Systemvariablen S1, S2, ... Sn beschrieben wird, welche von der Zeit abhängig sind (also S1(t), S2(t), ...). Auf das System wirke eine Einflußgröße (z.B. eine Kraft), welche wir als E = E(t) bezeichnen.

Ein System von Differentialgleichungen beschreibe den zeitlichen Verlauf der Funktionen S1(t), S2(t), ... Diskretisierung der Differentialgleichungen führe auf die Differenzengleichungen:

$$S1(t+h) = f1(S1(t), S2(t), \ldots Sn(t), E(t))$$
$$S2(t+h) = f2(S1(t), S2(t), \ldots Sn(t), E(t))$$
$$\ldots \qquad \ldots \qquad \ldots$$
$$Sn(t+h) = fn(S1(t), S2(t), \ldots Sn(t), E(t))$$

Wie ist die Einflußgröße E(t) zu wählen, damit das System einen Sollzustand (z.B. Balance) annimmt?

Wenn es gelingt, eine Fitneß-Funktion zu definieren, die für den Sollzustand ein Maximum annimmt, läßt sich die unbekannte Funktion

$$E(t) = g(S1(t), S2(t), \ldots Sn(t))$$

durch genetische Programmierung ermitteln. Man suche in einem derartigen Algorithmus den arithmetischen Ausdruck, dessen Fitneß am größten ist. Zur Ermittlung des Ausdruckes benötigt man die Terminale S1, S2, ... Sn sowie die Operationen +, −, ·, und eventuell weitere Operationen wie / √ usw. Die Fitneß läßt sich für den gefundenen Ausdruck g(S1,S2,... Sn) durch den folgenden Algorithmus bestimmen:

[1] Berechne E = g(S1,S2,...,Sn).

[2] Berechne mit Hilfe obiger Differenzengleichungen den Zustand zum Zeitpunkt t+h (also S1(t+h), S2(t+h) ...).

[3] Prüfe, ob der neue Zustand der Sollzustand ist. Wenn ja, höre auf, sonst beginne neu bei (1).

Die Zahl der Durchläufe dieser Schleife könnte man als Rohfitneß k einführen. Je kleiner die Zahl ist, um so eher wird der Sollzustand erreicht. Als Standardfitneß benutze man dann

$$\text{fit} = k_{max} - k$$

5.9 Planung und Kontrolle

Ein Roboter soll aus einer Menge von gekennzeichneten Objekten einige herausgreifen und diese in einer vordefinierten Reihenfolge ordnen. Bereits geordnete Objekte sollen, falls sie unkorrekt aufgereiht sind, dabei umgeordnet werden.

In anderer Version: Variablen sollen nach einem vorgegebenen Ordnungsprinzip in einem Stack geordnet werden.

Wir suchen einen Algorithmus, der in der Lage ist, diese Aufgabe zu erfüllen. Einen Ansatz für die Lösung des Problems findet man in [GN87], [Ko92].

Das Problem sei formuliert in Form eines Beispiels, für welches wir den Algorithmus entwickeln: Gegeben seien acht Klötzchen, auf die die Buchstaben E, D, I, L, A, N, M, O gedruckt sind. Auf einem Tisch liegt ein Teil der Klötzchen in beliebiger Reihenfolge, der andere Teil befindet sich aufeinandergestapelt in einem Turm, den wir "Stack" nennen (vgl. Abb. 33). Die Klötzchen bezeichnen wir als Blöcke.

Der zu entwickelnde Algorithmus besteht aus einer Aneinanderfolge der folgenden Teilaktionen:

[1] Nehme den obersten Block vom Stack und lege ihn auf den Tisch.

[2] Nehme einen beliebigen Block vom Tisch und lege ihn als oberstes Element auf den Stack.

Diese Teilaktionen sollen so zu einem Algorithmus vereinigt werden, daß der Algorithmus die Blöcke im Stack so aufeinanderlegt, daß die zugehörigen Buchstaben – von·unten nach oben gelesen – das Wort LIMONADE bilden (vgl. Abb. 34).

Eine Codierung über genetische Programmierung erfordert die Definition einer Terminalmenge und einer Operatorenmenge. Als Terminale führen wir ein:

BO: bezieht sich auf den obersten Block im Stack. BO = FALSE, falls der Stack leer ist, andernfalls BO = TRUE.

132

BK: bezieht sich auf den obersten korrekten Block in Stack. BK = FALSE, falls kein korrekter Block vorhanden, sonst BK = TRUE.

TK: bezieht sich auf den Block, der hinter BK kommt und noch auf dem Tisch liegt (also der nächste zu legende Block). TK = FALSE, falls der Tisch leer, sonst TK = TRUE.

Z.B. ist in Abbildung 33:

BO: Block E, BO = TRUE
BK: Block I, BK = TRUE
TK: Block M, TK = TRUE (da M hinter I kommt)

Als Operatoren führen wir ein:

MS: Move Stack: MS hat ein Argument x und transportiert x zum Stack. Ist x bereits im Stack oder ist x = FALSE, geschieht nichts. Neben der Aktion liefert MS einen Funktionswert zurück, nämlich: MS x = FALSE, falls MS nichts tut, andernfalls MS x = TRUE.

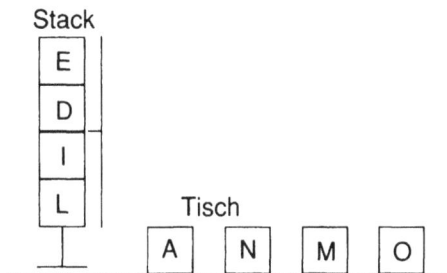

Abb. 33: Anfangszustand

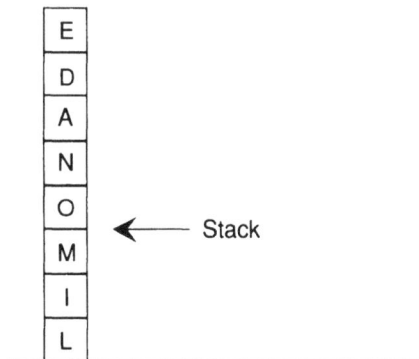

Abb. 34: Endzustand nach Ausführung des Algorithmus

MT: Move Table: MT hat ein Argument x und transportiert den obersten Block des Stacks zum Tisch, falls x im Stack ist. Im anderen Fall – oder falls x = FALSE – geschieht nichts.
Auch MT liefert einen Funktionswert, nämlich MT x = FALSE, falls MT nichts tut, andernfalls MT x = TRUE.

NOT: Der Nicht-Operator der Bool'schen Algebra (Beispiel: NOT x).

EQ: Gleichheit: EQ S1 S2 ist TRUE, falls S1 = S2, andernfalls FALSE.

LA: Laufanweisung: LA hat zwei Argumente: LA Ak Ab. Ak ist eine Aktion (MS oder MT) und Ab eine Abbruchbedingung. LA Ak Ab führt die Aktion Ak wiederholt solange aus, bis die Abbruchbedingung erfüllt ist (d.h. bis Ab = TRUE).
Ist die Abbruchbedingung bereits bei der ersten Iteration erfüllt, geschieht nichts.
LA gibt den Wert TRUE zurück. Nur wenn eine global definierte Maximalzahl von zulässigen Iterationen überschritten wird, ist LA = FALSE.

Zu diesen Operationen seien Beispiele genannt:

[1] MS TK: Der nächstrangige korrekte Block wird in den Stack gebracht, falls er vorhanden ist (d.h. falls der Tisch nicht leer ist). In diesem Fall wird MS TK = TRUE zurückgegeben.

[2] MS BO: Transport von BO zum Stack. Falls der Stack nicht leer ist, ist BO bereits im Stack und es geschieht nichts. Im Falle einer Aktion wird TRUE zurückgegeben.

[3] MT TK: TK soll zum Tisch transportiert werden. Da TK aber definitionsgemäß auf dem Tisch liegt, geschieht nichts und MT liefert FALSE zurück.

An diesem Beispiel erkennt man, daß viele Befehle existieren, die keinerlei Wirkung besitzen. Im folgenden seien einige Beispiele zum Befehl LA (Laufanweisung) betrachtet:

[4] LA (MS TK) (NOT TK): Diese Laufanweisung transportiert den nächstrangigen Block zum Stack. Dies wiederholt sich solange, bis NOT TK = TRUE ist, also bis TK = FALSE und damit der Tisch leer ist. Der Befehl räumt damit den Tisch leer.

[5] EQ (MT BO) (EQ (MT BO) (MT BO)): Bei dem Vergleichstest (EQ) wird insgesamt dreimal MT BO ausgeführt. Damit wird dreimal der jeweils oberste Block im Stack abgeräumt und zum Tisch transportiert. Das Ergebnis ist TRUE.

Jeder Ausdruck mit den Operatoren MT, MS, LA usw. bewirkt mögliche Verschiebungen von Blöcken vom Tisch zum Stack oder umgekehrt. Welcher Ausdruck bewirkt, daß im Stack alle Blöcke so geordnet werden, daß das Wort LIMONADE entsteht (vgl. Abb. 34)? Dabei soll der Ausdruck für möglichst viele der in Abb. 33 gezeigten Anfangskonstellationen exakt sein.

Ein für alle Anfangskonstellationen korrekter Ausdruck, den man über genetische Programmierung erhalten kann (vgl. [KO92]), ist

(EQ (LA (MT BO) (NOT BO)) (LA (MS TK) (NOT TK))).

6. Neuronale Netze

Neuronale Netze ermöglichen die Darstellung unscharfer nichtlinearer Zuordnungen, welche mit herkömmlichen Programmiersprachen und Algorithmen nur schwer oder gar nicht beschreibbar sind. Entsprechend der Vorlage des Gehirns werden diese Abbildungen vom Netz erlernt, bevor es einsatzfähig ist. Anwendungsbeispiele sind u.a. Prognosen, optisches und akustisches Erkennen und regelungstechnische Anwendungen.

Netztypen, die in den erfolgreichen Anwendungen bei weitem überwiegen, sind vorwärtsgerichtete Netze. Das Training eines solchen Netzes ist ein Optimierungsprozeß, bei dem das Fehlverhalten minimiert wird. Die üblichen Trainingsverfahren sind halbdeterministischer Art.

Es hat sich in den letzten Jahren gezeigt, daß neuronale Netze nicht nur in ihrer Struktur, sondern auch in ihrem Lernverhalten durch genetische und selektive Verfahren verbessert und gefördert werden können. Dies sei im folgenden dargestellt.

In Abschnitt 6.1 werden vorwärtsgerichtete Netze in ihrer Struktur und in ihren Einsatz sowie die üblichen Trainingsverfahren wie z.B. Backpropagation beschrieben. In Kapitel 6.2 wird gezeigt, wie man über genetische Algorithmen optimale Netztopologien auffinden kann. Abschnitt 6.3 stellt ein Mutations-Selektionsverfahren zur Unterweisung von neuronalen Netzen vor, welches – verglichen mit dem reinen Backpropagation – in den vorgeführten Beispielen erhebliche Rechenzeitgewinne zeigt.

Leser, denen Vorwärtsnetze, Perzeptron und Backpropagation vertraut sind, können problemlos ab Abschnitt 6.3 weiterlesen.

6.1 Vorwärts gerichtete einstufige Netze

6.1.1 Das Neuron

Dieser Abschnitt bietet eine Kurzeinführung in die Theorie der vorwärts gerichteten Neuronalen Netze. Für weitergehende Informationen – auch in Bezug auf andere Netztypen – sei z.B. auf [Ki92] verwiesen.

Neuronale Netze orientieren sich an der Arbeitsweise des Gehirns. Um ihre Funktionalität und ihre Struktur besser verstehen zu können, sollte man wenigstens einige Grunddetails der Gehirnfunktionen kennen.

Das Gehirn ist ein gigantisches Parallelverarbeitungssystem, in dem die Prozessoren Nervenzellen sind. Diese Zellen – die Neuronen – vermögen nichts anderes als Spannungen, die von anderen Neuronen elektrochemisch an sie weitergeleitet werden, zu kumulieren und, falls die kumulierte Spannung einen Schwellwert übersteigt, selber an nachgeschaltete Neuronen Spannung abzugeben. In diesem Falle sagt man: "das Neuron feuert". Ein Neuron besitzt bis zu 10 000 Eingaben, die Dendriten, aber nur eine Ausgabe. Die Ausgabeleitung (das Axon) kann sich in viele Zweige aufspalten und damit viele nachgeschaltete Neuronen mit Spannung versorgen.

Das menschliche Gehirn besitzt etwa 10 Milliarden Neuronen, die miteinander verschaltet sind. Würde man alle Verbindungsleitungen zwischen den Neuronen hintereinanderlegen, erhielte man beim menschlichen Gehirn eine Strecke von ca. 500 000 km.

Bevor eine Spannung ein Neuron erreicht, wird sie durch eine vorgeschaltete Zelle, die Synapse, entweder verstärkt oder gehemmt.

In der Abbildung 35 ist die Funktion eines Neurons durch ein mathematisches Modell beschrieben. Eingabespannungen e1, e2, e3 werden durch Zahlen charakterisiert. Bevor sie das Neuron erreichen, werden sie mit den Gewichten w1, w2, w3 multipliziert. Dies entspricht dem Hemmen oder Verstärken durch die Synapsen. Ist die gewichtete Summe aller Eingangswerte größer als ein Schwellwert Θ, feuert das Neuron, d.h. der Output a wird auf 1 gesetzt, andernfalls hat er den Wert 0.

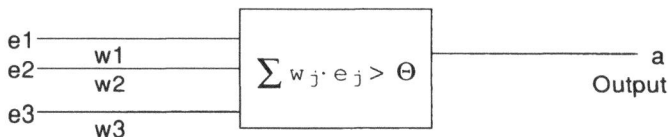

Abb. 35: Formale Darstellung der Neuronenfunktion. Die Eingangswerte e1, e2, e3 werden mit den Synapsenwerten w1, w2, w3 multipliziert. Falls die Summe $> \Theta$, feuert das Neuron (d.h. a = 1).

6.1.2 Einstufige neuronale Netze

Betrachtet man die Eingabewerte e1, e2, e3 als Ausgabewerte vorgeschalteter Neuronen, entsteht ein neuronales Netz, wie es in Abbildung 36 dargestellt ist.

138

a

W_1 W_2 W_3

e1   e2   e3

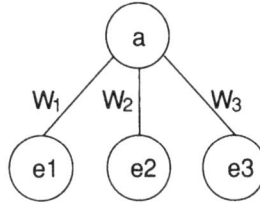

Abb. 36: Neuronales Netz mit den Eingaben e1, e2, e3 und der Ausgabe a

Das Verhalten der drei Neuronen in der unteren Schicht wird durch die Zahlen 0 und 1 simuliert, die man für e1, e2, e3 einsetzt. Diese werden mit den Gewichten w1, w2, w3 multipliziert. Man hat

$$x = \sum w_j \cdot e_j - \Theta$$

Ist $x > \Theta$, setze man $a = 1$ (feuern), andernfalls $a = 0$. a ist der Wert des Neurons in der oberen Schicht und stellt den Output dar. Die Gewichte w_j entsprechen den Synapsen im Gehirn, sie können eingehende Signale verstärken oder hemmen.

Wir führen die Funktion ein:

$$f(x) = \begin{cases} o & \text{falls } x \leq \Theta \\ 1 & \text{falls } x > \Theta \end{cases}$$

Dann können wir den Output a des Netzes der Abbildung 36 direkt als Funktion der Eingabewerte angeben durch

$$a = f(\sum w_j \cdot e_j - \Theta)$$

$f(x)$ bezeichnet man als Transferfunktion.

Der Schwellwert Θ läßt sich in die grafische Darstellung des Netzes integrieren. Dies zeigt die Abbildung 37, bei der zwei Eingabeneuronen vorliegen.

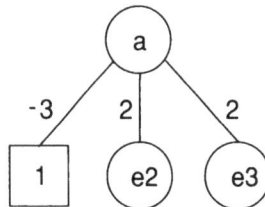

a

-3   2   2

1   e2   e3

Abb. 37: Ein Netz mit zwei Eingabeneuronen. Der Schwellwert Θ hat den Wert /196/3 und wird durch ein Bias dargestellt. Das Netz repräsentiert die Bool'sche Und-Funktion.

Der mit 1 gekennzeichnete Eingang wird als Eingabeneuron mit dem konstante Eingabewert 1 aufgefaßt. Offenbar gilt für a:

$$a = f(-3 \cdot 1 + 2 \cdot e1 + 2 \cdot e2)$$

und damit ist der Schwellwert $\Theta = -3$. Ein mit 1 gekennzeichneter Eingang zur Integration des Schwellwertes bezeichnet man als Bias.

Wählen wir für die Eingabe $e1 = 1$ und $e2 = 0$, erhält man

$$a = f(-3 \cdot 1 + 2 \cdot 1 + 2 \cdot 0) = f(-1) = 0$$

Entsprechend kann man die anderen Eingabemuster einsetzen und a berechnen. Man erhält:

Eingabe		Ausgabe
e1	e2	a
0	0	0
1	0	0
0	1	0
1	1	1

Das Netz repräsentiert die Und-Funktion der Bool'schen Algebra.

Wir erweitern die oben eingeführte Netzstruktur, so daß mehrere Ausgabewerte produziert werden können. Dazu betrachten wir das Netz der Abbildung 38. Es liegen zwei Eingabewerte e1 und e2 sowie drei Ausgabewerte a1, a2, a3 vor und ein Bias.

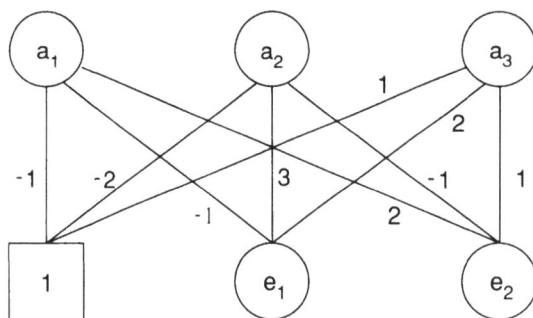

Abb. 38: Neuronales Netz mit zwei Eingängen e1, e2 und drei Ausgängen a1, a2, a3

Verwendet man die an den Graphen aufgezeigten Gewichte wie im Netz der Abbildung 36, erhält man die folgenden Gleichungen zur Berechnung der Ausgabewerte:

a1 = f(− 1 · e1 + 2 · e2 − 1)
a2 = f(3 · e1 − 1 · e2 − 2)
a3 = f(2 · e1 + 1 · e2 + 1)

Als Beispiel betrachten wir die Eingabe e1 = 1, e2 = 0. Einsetzen in obige Gleichungen liefert die Ausgabewerte a1 = 0, a2 = 1, a3 = 1. Die folgende Tabelle zeigt alle Ein-/Ausgabemuster, die vom Netz repräsentiert werden:

e1	e2	a1	a2	a3
0	0	0	0	1
1	0	0	1	1
0	1	1	0	1
1	1	0	0	1

Wie das Beispiel zeigt, ordnet ein neuronales Netz binärwertigen Eingabevektoren binärwertige Ausgabevektoren zu. Der Eingabevektor könnte in der Anwendung z.B. ein verrauschtes Bild sein (1= weißes, 0= schwarzes Pixel). Ein Netz zur Muster- und Bilderkennung würde diesem verfälschten Bild das richtige Bild zuordnen.

In der allgemeinen Formulierung eines Netzes sind gegeben: Eingabewerte $e_1, e_2, e_3, \ldots e_n$ und Ausgabewerte $a_1, a_2, \ldots a_m$. Die Ausgabewerte berechnen sich nach der Formel:

$$a_j = f\left(\sum_k w_{jk} \cdot e_k\right)$$

Ist der Schwellwert nicht Null, kann man diesen formal durch ein Bias integrieren.

6.1.3 Lernen durch Optimieren

Wie findet man ein Netz, welches z.B. die oben erwähnte Mustererkennung durchführen kann? Die Netztopologie ist durch die Dimension von Ein- und Ausgabevektoren vorgegeben. Unbekannt sind die einzusetzenden Gewichte und der Schwellwert Θ.

Besitzt das Netz n unbekannte Größen dieser Art, lassen sich diese zusammenfassend als n-dimensionaler Vektor in einem n-dimensionalen Raum auffassen. Gesucht ist der Punkt bzw. Vektor des Raumes, für den das Netz korrekt arbeitet, für den also der Fehler

$$[6.1] \quad \Phi = \sum (a_i - z_i)^2$$

den Wert 0 hat. Hier sind a_i die Ausgabewerte des Netzes und z_i die Zielwerte, also die Werte, die das Netz eigentlich annehmen sollte. Die Summation sollte über alle Ein-/Ausgabemuster erstreckt werden.

Wir haben damit eine typische Optimierungsaufgabe: Suche Gewichte und den Schwellwert Θ so, daß der globale Fehler Φ ein Minimum annimmt. Ist der minimale Wert 0, arbeitet das Netz korrekt.

Wegen der Komplexität der Gleichung [6.1] kommen nur iterative Optimierungsverfahren in Frage. Die zur Zeit bekannten und üblichen Verfahren sind Varianten des Gradientenverfahrens: Man bilde die Ableitung

$$\frac{\delta \Phi}{\delta w_{ij}} = \Gamma(i,j)$$

und setze $\Delta \Phi \approx \delta \Phi$; $\Delta w \approx \delta w_{ij}$, so daß gilt:

$$\Delta \Phi \approx \Gamma(i,j) \cdot \Delta w_{ij}$$

Wählt man nun in einem Iterationsschritt

$$[6.2] \quad w_{ij}^{neu} = w_{ij}^{alt} + \Delta w_{ij}$$

die Gewichtskorrektur

$$[6.3] \quad \Delta w_{ij} = -\Gamma(i,j)$$

dann ist

$$\Delta \Phi = -\Gamma(i,j)^2 < 0$$

woraus folgt, daß Φ kleiner wird und sich dem Minimum nähert.

Eine detailliertere Beschreibung dieses Iterations- bzw. Lernverfahrens erfolgt im nächsten Abschnitt.

6.1.4 Das Perzeptron

Das Perzeptron wurde 1958 von F. Rosenblatt ([Ro58]) in einer psychologischen Zeitschrift vorgestellt. Ursprünglich handelte es sich um ein zweistufiges Netz, bei dem die Gewichte der untersten Stufe konstant und die der oberen Stufe lernfähig sind. Rosenblatt schuf dieses Konzept zur Klassifizierung visueller Muster, die die menschliche Retina liefert. Heute verbindet man mit dem Begriff "Perzeptron" meist ein einstufiges, lernfähiges Netz, wie es oben betrachtet wurde.

Gegeben sei ein neuronales Netz wie oben vorgestellt. Die Ausgabewerte berechnen sich nach der Formel

$$a_j = f\left(\sum_k w_{jk} \cdot e_k\right)$$

Das Netz soll so ausgelegt werden, daß bei Eingabe von $e_1, e_2, \ldots e_n$ die Zielwerte $z_1, z_2, \ldots z_m$ angenommen werden. Daher ist der globale momentane Fehler

$$\Phi = \sum (a_j - z_j)^2$$

Ist $\Phi = 0$, arbeitet das Netz korrekt. Also gilt es, die Gewichte so zu wählen, daß Φ minimal wird.

Nach Abschnitt 6.1.3 (Gleichungen [6.2], [6.3]) nähert man sich dem Minimum, wenn man die Gewichte in Iterationsschritten korrigiert durch

$$w_{ij}^{neu} = w_{ij}^{alt} + \Delta w_{ij}$$

Die Gewichtskorrektur ist nach [6.3]

$$[6.4] \quad \Delta w_{ij} = -\Gamma(i,j) = -\frac{\delta \Phi}{\delta w_{ij}}$$

Nun ist

$$\Phi = \sum_i (a_i - z_i)^2 = \sum_i \left(f\left(\sum_j w_{ij} \cdot e_j - z_i\right)^2 \right)$$

Die Transferfunktion f ist nicht differenzierbar. Um trotzdem Differenzierbarkeit für Φ zu erreichen, ersetzen wir sie durch

$$f^\circ(x) = 1 / (1 + \exp(-c \cdot x))$$

Diese Funktion (sigmoide Transferfunktion) geht für $c \to \infty$ in $f(x)$ über, wie leicht nachvollziehbar ist. Für große c ist daher der Fehler vernachlässigbar, wenn man f durch f° ersetzt.

Berechnung der partiellen Ableitung in [6.4] führt auf:

$$\Delta w_{ij} = -2 \cdot (a_i - z_i) \cdot f^{\circ\prime}(\ldots) \cdot e_j$$

Da die Funktion $f^\circ(\ldots)$ monoton steigend ist, ist $f^{\circ\prime}(\ldots) > 0$, so daß man $2 \cdot f^{\circ\prime}(\ldots)$ durch eine positive Konstante α zusammenfassen kann.

All dies führt auf:

Lernalgorithmus für das Perzeptron

[1] Wähle für die Gewichte w_{kj} Zufallszahlen.

[2] Gebe einen zufälligen Eingabevektor e_j vor. Es sei der gewählte Vektor kurz mit $e = (e_1, e_2, \ldots e_n)'$ bezeichnet, wobei $e_k = 1$ oder 0 ist.

[3] Verändere die Gewichte durch

$$w_{ij}^{neu} = w_{ij}^{alt} + \Delta w_{ij}$$

mit $\Delta w_{ij} = (\alpha \cdot e_j \cdot \varepsilon_i)$

Hier ist $\varepsilon_i = a_i - f\left(\sum_k w_{ik} e_k\right)$ die Differenz zwischen Ziel-Output
und Ist-Output an der Stelle i. $\alpha > 0$ ist eine kleine Zahl.

[4] Fahre fort bei [2].

Der Algorithmus endet, wenn das Netz für alle Eingangsvektoren die
richtigen Zielvektoren ausgibt.

Es ist nachweisbar, daß der Lernalgorithmus in endlich vielen Schritten
konvergiert, das Netz also die zu lernende Funktion adaptiert (vgl.
[Ki92]), falls das Netz die Funktion repräsentieren kann.

Im folgenden Beispiel soll ein Perzeptron entwickelt werden, welches
die Dualverschlüsselung der natürlichen Zahlen erlernt. Die zu erlernende Funktion lautet z.B. für die Zahlen von 1 bis 9:

i	Eingabevektor (i-tes Bit ist 1)	Ausgabevektor (duale Darstellung von i)
1	1 0 0 0 0 0 0 0 0	0 0 0 1
2	0 1 0 0 0 0 0 0 0	0 0 1 0
3	0 0 1 0 0 0 0 0 0	0 0 1 1
4	0 0 0 1 0 0 0 0 0	0 1 0 0
5	0 0 0 0 1 0 0 0 0	0 1 0 1
6	0 0 0 0 0 1 0 0 0	0 1 1 0
7	0 0 0 0 0 0 1 0 0	0 1 1 1
8	0 0 0 0 0 0 0 1 0	1 0 0 0
9	0 0 0 0 0 0 0 0 1	1 0 0 1

Tabelle 10: Vom Perzeptron zu erlernende Funktion mit 9 Eingabe-
und 4 Ausgabebits

Hier wird also die umzusetzende Zahl i (Input) als eine Bitfolge eingegeben, bei der das i-te Bit 1 ist und alle anderen Bits den Wert 0 haben.

In einem Programm wurde ein Netz mit 15 Eingabeneuronen und 4 Aus-
gabeneuronen auf die Aufgabe trainiert, die Dualverschlüsselung der
Zahlen von 1 bis 15 zu erlernen. Für die Konstante α des Algorithmus
(Lernfaktor) wurde $\alpha = 0,2$ gewählt. Es reichten 200 Iterationen, bis das
Netz exakt arbeitete (vgl. [Ki92]).

6.2. Mehrstufige Netze

6.2.1 Die Netztopologie

Im Jahre 1969 veröffentlichten M. Minski und S. Papert ([MP69]) ein vielbeachtetes Buch, in dem sie nachwiesen, daß es wichtige logische Aussagefunktionen gibt, die sich mit dem Formalismus des Perzeptrons nicht beschreiben lassen. Eine dieser Funktionen ist z.B. die Bool'sche XOR-Funktion. Das Buch bewirkte damals einen Niedergang der neuronalen Netzforschung, denn Netze, mit denen man nur einen Teil der möglichen Funktionen beschreiben kann und ganze Funktionsklassen ausgespart bleiben, sind für Anwendungen nicht sehr interessant.

Es dauerte mehr als 10 Jahre, bis man entdeckte, daß die Aussage von Minski und Papert für mehrstufige Netze nicht gilt. Darunter versteht man Netze, bei denen die Ausgabeschicht als Eingabe für eine weitere Neuronenschicht dient. Wenn man solche Schichten mehrmals hintereinander legt, entstehen mehrschichtige Netztypen. Diese Netztypen können alle möglichen Funktionen darstellen und seit 1985 gibt es einen geeigneten Lernalgorithmus (Backpropagation Algorithmus).

Wir wenden uns zunächst der Topologie eines zweistufigen neuronalen Netzes zu. Hier ist die mittlere Neuronenschicht Eingabe für eine darüberliegende Schicht von Neuronen, die ihrerseits den Output des gesamten Netzes bereitstellt. Ein solches Netz läßt sich mit der Grafik der Abbildung 39 beschreiben.

In diesem Netz werden an die untere Schicht die Eingabewerte e1 und e2 angelegt. Die erste (untere) Stufe des Netzes berechnet die Werte h1

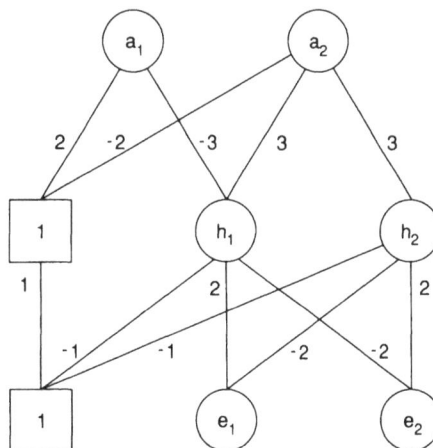

Abb. 39: Zweistufiges neuronales Netz

und h2. Diese wiederum sind Eingabe für die obere Stufe, die als Ausgabewerte a1 und a2 besitzt. Wie man sieht, besitzen beide Stufen Bias-Werte, d.h. die Schwellwerte 1 und 2.

Die Zwischenneuronen speichern die Hilfswerte h1 und h2, man bezeichnet sie als versteckte Neuronen (hidden neurons) und die gesamte mittlere Schicht heißt versteckte Schicht (hidden layer).

Mathematisch gesehen liegt eine nichtlineare Abbildung vor. Wichtig ist, daß auch zur Ermittlung der Belegung der versteckten Neuronen die Transferfunktion eingesetzt wird, denn sonst würde sich die gesamte Abbildung auf die Multiplikation zweier Matrizen reduzieren und man könnte das gesamte Netz auch einstufig darstellen.
Wir gehen jetzt daran, die Ausgabewerte a1 und a2 zu berechnen. Zunächst ermitteln wir die Neuronenbelegungen der versteckten Schicht. Es ist:

$$h1 = f(2 \cdot e1 - 2 \cdot e2 - 1)$$
$$h2 = f(-2 \cdot e1 + 2 \cdot e2 - 1)$$

Aus diesen Werten ergeben sich die Ausgabewerte durch:

$$a1 = f(-3 \cdot h1 + 0 \cdot h2 + 2)$$
$$a2 = f(3 \cdot h1 + 3 \cdot h2 - 2)$$

wobei f jeweils die Transferfunktion ist.

Durch einfaches Nachrechnen ermittelt man, daß das Netz der Abbildung 35 die folgende Funktion darstellt (die versteckten Neuronen h1, h2 sind mit aufgeführt):

e1	e2	h1	h2	a1	a2
0	0	0	0	1	0
0	1	0	1	1	1
1	0	1	0	0	1
1	1	0	0	1	0

In allgemeinster Form läßt sich ein zweistufiges Netz beschreiben durch die Gleichungen:

$$h_j = f\left(\sum_k w_{jk}^2 \cdot e_k\right)$$

$$e_j = f\left(\sum_k w_{jk}^1 \cdot h_k\right)$$

Hier sind w_{ik}^2 die Gewichte der unteren Stufe und w_{ik}^1 die der oberen Stufe (die Bias-Schwellwerte lassen sich in die Gleichungen integrieren, z.B. mit $e1 \equiv 1$ und $h1 \equiv 1$).

Natürlich kann man auf die obere Stufe eine weitere aufsetzen und man erhält ein dreistufiges Netz. Auf diese Art lassen sich mehrstufige Netze mit beliebig vielen Stufen konstruieren.

Wie bereits erwähnt, sind bereits zweistufige Netze so komplex, daß sie alle möglichen logischen Funktionen, die einem binärwertigen Eingangsvektor einen binärwertigen Ausgangsvektor zuordnen, darstellen können. Dies ist der Grund für den vielseitigen Einsatz dieser Netztypen in der Anwendung.

6.2.2 Backpropagation: ein Lernalgorithmus

Die Backpropagation-Methode (Fehlerrückführungsmethode) ist die zur Zeit wirksamste und meist eingesetzte Lernmethode zum Trainieren für mehrstufige Netze. Sie ist eine Gradienten-Abstiegsmethode und wurde 1986 von Hinton, Rumelhart, Williams ([HR86]) erstmals ausführlich beschrieben.

Im folgenden soll die Methode für zweistufige Netze beschrieben werden. Formal läßt sich der Gedankengang ohne Schwierigkeiten auf n-stufige Netze mit n > 2 übertragen.

Wir betrachten also ein Netz mit den Eingabewerten e_i, der verdeckten Neuronenbelegungen h_i und den Ausgabewerten a_i. Offenbar gilt:

$$[6.5] \quad a_j = f\left(\sum_k w_{jk}^1 \cdot h_k\right)$$

$$[6.6] \quad h_j = f\left(\sum_k w_{jk}^2 \cdot e_k\right)$$

Da wir später differenzieren werden, führen wir für die Transferfunktion die sigmoide Funktion

$$f^\circ(x) = 1 / (1 + \exp(-c \cdot x))$$

ein für ein geeignetes $c > 0$.

Formal gehen wir vor wie bei der Herleitung des Lernverfahrens beim Perzeptron: Die Gewichte sind so zu bestimmen, daß eine Fehlerfunktion minimal wird. Diese Fehlerfunktion lautet:

$$[6.7] \quad \Phi = \sum_i (z_i - a_i)^2.$$

Hierbei sind z_i die vorgegebenen Zielwerte der zu lernenden Funktion und a_i die Ist-Werte (Ausgabe des Netzes), so daß die Summe aller Fehlerquadrate vorliegt. Offenbar ist ein Netz um so besser, je kleiner E ist. Ist E = 0 (absolutes Minimum), arbeitet das Netz exakt.

Die Gewichtsänderungen beim Lernverfahren sind nun so zu wählen, daß bei jedem Schritt Φ kleiner wird, so daß das Verfahren auf ein Minimum hinarbeitet. Dies führt zu dem folgenden Satz:

Satz 6.1

Es seien w_{ij}^1 und w_{ij}^2 die Gewichte aus [6.5] und [6.6]. Ein Lernschritt bestehe darin, daß diese Gewichte geändert werden um

$$\Delta w_{ij}^1 = \alpha \cdot \varepsilon_i \cdot h_j$$

$$\Delta w_{ij}^2 = \alpha \cdot \sum_m \varepsilon_m \cdot w_{mi}^1 \cdot e_j$$

Hier sind: e_i: Eingabewerte,

h_j: versteckte Werte,

$\varepsilon_i = z_i - a_i$ = Zielwert – Netzwert = Fehler,

α = Lernfaktor ($\alpha > 0$ frei wählbar).

Dann wird die Fehlerfunktion Φ (vgl. [6.7]) verkleinert.

Folgerung: Obige Lernschritte verändern das Netz in Richtung eines (lokalen) Minimums.

Die erste Korrekturformel ist die Korrekturformel des einschichtigen Perzeptrons (vgl. Abschnitt 6.1.4):

Der Beweis erfolgt über die Gradientenabstiegsmethode, indem man die Fehlerfunktion Φ differenziert und zeigt, daß bei obigen Gewichtsänderungen $d\Phi < 0$ ist und somit Φ abnimmt. Den genauen Beweis findet man z.B. in [Ki92].

Die Korrekturformeln für die Gewichte lassen sich verbessern. Es gilt der

Satz 6.2

Die in Satz 6.1 aufgeführten Korrekturformeln lassen sich ersetzen durch

$$\Delta w_{ij}^1 = \alpha \cdot \varepsilon_i \cdot a_i \cdot (1 - a_i) \cdot h_j$$

$$\Delta w_{ij}^2 = \alpha \cdot \sum_m \varepsilon_m * a_m * (1 - a_m) \cdot w_{mi}^1 \cdot h_i \cdot (1 - h_i) \cdot e_j$$

Diese Korrekturformeln sind insofern präziser, als keine wesentlichen Gewichtsveränderungen stattfinden, wenn die Neuronenbelegungen den Werten 1 oder 0 und damit ihrem Zielwert nahe sind. Sind die Belegungen dagegen indifferent (etwa 0,5), erfolgt eine starke Gewichtsveränderung. Der Beweis des Satzes befindet sich u.a. in [Ki02].

Der Lernalgorithmus bei Backpropagation läßt sich nun so formulieren:

Lernalgorithmus bei Backpropagation (Fehlerrückführungsmethode)

[1]   Bestimme alle Gewichte mit Zufallszahlen.

[2]   Gebe ein zufälliges Ein-/Ausgabemuster der zu lernenden Funktion vor, berechne die Belegungen h_j der versteckten Schicht.

[3]   Für die so vorgegebenen Eingabewerte e_i und Zielwerte z_i korrigiere die Gewichte entsprechend den Formeln in Satz 6.1 oder Satz 6.2.

[4]   Fahre fort bei [2].

6.2.3 Qualitatives Verhalten des Backpropagation-Verfahrens

Die Backpropagation-Methode hat den Vorteil, daß ein mathematischer Formalismus vorliegt, der auf jedes Netz anwendbar ist und kein spezielles Eingehen auf die Besonderheiten der zu lernenden Funktion erfordert. Leider ist die Zahl der Lernschritte oft sehr hoch, so daß die Lernphase dann sehr rechenintensiv ist. Ein wenig kann man zur Reduzierung der Rechenzeit beitragen, wenn man die Gewichte zu Beginn der Rechnung nicht zu groß wählt.

Obwohl man bereits mit zweischichtigen Netzen alle möglichen Funktionen darstellen kann, liefert der Backpropagation-Algorithmus in vielen Fällen nicht die richtige Lösung. Dieser essentielle Nachteil des Verfahrens liegt darin begründet, daß die Fehlerfunktion minimiert wird und dabei kann wie bei jeder Minimax-Aufgabe ein lokales Minimum

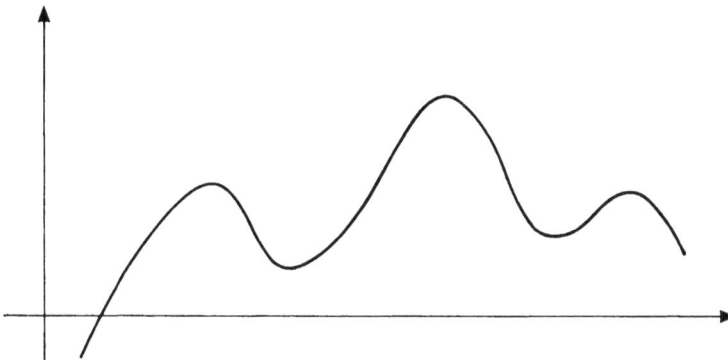

Abb. 40: Lokales und absolutes Minimum bei Backpropagation

gefunden werden (siehe Abbildung 40), während für die zu lernende Funktion das absolute Minimum gefordert ist. Man hat im Falle des lokalen Minimums Werte, die meist den gesuchten nahekommen, aber eben nicht exakt sind.

Ein weiteres Problem ist die Wahl der Anzahl der versteckten Knoten im Netz. Wählt man diese Zahl zu klein, kann möglicherweise die zu lernende Funktion nicht mehr dargestellt werden, da die Kapazität des Netzes nicht ausreicht. Vergrößert man die Zahl der Neuronen im hidden Layer, erhöht sich die Zahl der unabhängigen Variablen der Fehlerfunktion, was dazu führt, daß die Zahl der Nebenminima vergrößert wird: Das Programm läuft beim Lernverfahren schneller in ein Nebenminimum. Nebenbei wird natürlich bei der Aufstockung der Zahl der versteckten Punkte die Rechenzeit der Lernphase, die im allgemeinen ohnehin schon hoch ist, weiter erhöht.

Für die meisten dieser Probleme gibt es keine theoretischen Anweisungen, die helfen, obige Fehlentwicklungen in der Lernphase zu vermeiden. Es bleibt lediglich die experimentelle Verifikation, d.h. man mache einige Testläufe. Am einfachsten ist es, man legt das Programm so aus, daß während der Lernphase die zu lernenden Funktionswerte und die Netz-Funktionswerte jederzeit abgefragt und verglichen werden können. Auf diese Art läßt sich relativ früh feststellen, ob ein Programmlauf zum Lernen der Gewichte zum Erfolg führt oder nicht. Falls nicht, breche man ab und starte – eventuell nach Erhöhung der versteckten Punkte – neu.

Um die Konvergenz zu beschleunigen, benutzt man oft bei der Korrektur der Gewichte w_{ij} die Formel

$$w_{ij}^{neu} = \mu \cdot w_{ij}^{alt} + (1 - \mu) \cdot \Delta w_{ij}$$

Hier ist μ eine positive Zahl, die zu Beginn des Lernverfahrens klein ist (nahe 0), im Laufe der Rechnung anwächst und im Grenzwert sich der Zahl 1 nähert. Δw_{ij} ist die in den Sätzen 1 und 2 präsentierte Gewichtskorrektur. Offenbar haben die Gewichtskorrekturen zunächst eine starke Wirkung. Diese wird aber immer schwächer, je weiter die Gewichte bereits entwickelt wurden.

Eine wirksame Reduzierung der Lernschritte kann man erreichen, wenn man Ein- und Ausgabevektoren so aufbereitet (d.h. die zu lernende Funktion in ihrer Codierung so moduliert), daß ähnliche Eingabevektoren ähnliche Ausgabevektoren produzieren. Eine Abbildung mit dieser Eigenschaft ist in einem gewissen Sinne stetig.

Schließlich sei darauf hingewiesen, daß es genügend Anwendungen gibt, bei denen als Ein- oder Ausgabe nicht $(0,1)$-Bitfolgen vorliegen, sondern reelle Zahlen x mit $0 \leq x \leq 1$.

150

6.3 Genetische Verfahren und optimale Netztopologien

Soll ein Netz einen gegebenen funktionalen Zusammenhang lernen, ist es völlig offen, welche Netztopologie geeignet ist. Es existieren so gut wie keine Aussagen über die Zahl der zu verwendenden versteckten Schichten, die Zahl der Neuronen pro Schicht und über die Lernfaktoren, die das Netz im Sinne von Lerngeschwindigkeit, Sicherheit und Architektur optimal machen.

Hier bieten sich genetische Verfahren an und tatsächlich wurden genetische Algorithmen bereits mit Erfolg eingesetzt ([Da91]). Im folgenden wird das Vorgehen erheblich vereinfacht dargestellt.

Zunächst ist es notwendig, die Topologie eines neuronalen Netzes durch einen String zu beschreiben. Die hierin zu verschlüsselnden Informationen betreffen die Zahl der Schichten, die Zahl der Neuronen pro Schicht, den Grad der Konnektivität, den Lernfaktor usw. Lediglich die Gewichte gehören nicht zur Architektur, sie werden später durch ein Lernverfahren bestimmt.

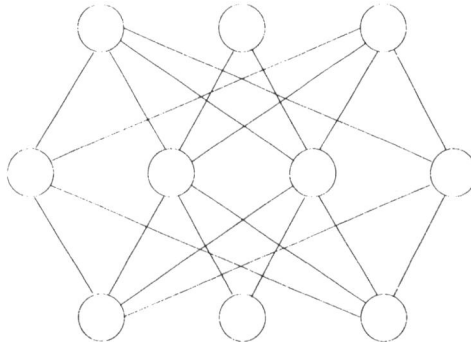

1 3 2 4 3 3 5

Abb. 41: Vorwärtsgerichtetes Netz mit zwei Stufen bzw. drei Schichten und dessen Verschlüsselung als Chromosom

Die Abbildung 41 zeigt einen Vorschlag, wie man ein vorwärtsgerichtetes Netz als String darstellen kann: Die ersten beiden Zahlen 1 und 3 besagen: Schicht 1 besitzt 3 Neuronen. Die folgenden Zahlen 2 und 4 weisen Schicht Nr. 2 als Schicht mit 4 Neuronen aus und 3 und 3 schließlich steht für Schicht 3 mit drei Neuronen. Die letzte Zahl besagt: Aus einem Vorrat von 10 verschiedenen reellen Zahlen als mögliche Lernfaktoren wird Zahl Nr. 5 als Lernfaktor eingeführt. Ausführlichere Codierungen von Netzen findet man z.B. in [Da91].

Baut man aus Individuen dieser Art eine Population auf, erhält man Strings mit variablen Längen, da ein Netz (bis zu einer Maximalzahl) beliebig viele Stufen besitzen kann. Bei den genetischen Operationen wie Rekombination sind erhebliche Einschränkungen zu beachten, damit nicht unsinnige oder nicht zu realisierende Netzstrukturen entstehen.

Wie berechnet man die Fitneß einer Netzstruktur? Ein Netz ist offenbar "gut", wenn

[1] es die zu lernende Funktion möglichst genau darstellt;

[2] die Zahl der Schichten klein ist;

[3] die Zahl der Neuronen pro Schicht nicht zu groß ist.

Ein weiteres Kriterium könnte die Lerngeschwindigkeit sein. Für all diese Eigenschaften lassen sich leicht Bewertungsfunktionen einführen, wenn man das Netz über Backpropagation trainiert. Die Fitneß ist dann die gewichtete Summe dieser Bewertungsfunktionen.

Der gesamte Ablauf des Algorithmus läßt sich nunmehr so beschreiben:

[1] Kreiere eine Anfangspopulation.

[2] Führe für jedes Individuum (Netz) Backpropagation durch und bestimme so die Gewichte.

[3] Teste das Netz und bestimme dadurch die Fitneß.

[4] Verändere die Population durch genetische Operationen.

[5] Falls Abbruchkriterium nicht erfüllt, weiter bei [2].

In [HG89] und [Da91] werden Anwendungen dieses Verfahrens zur Ermittlung optimaler Netze mit Hilfe einer dafür erstellten Software (NeuroGENESYS) beschrieben. Die Autoren berichten, daß das System sogar in der Lage war, einstufige Netze aufzufinden, wenn die zu lernende Funktion separierbar war, also die Separierbarkeit der Funktion a priori gar nicht bekannt war (Zur Separierbarkeit: vgl. [Ki92]).

6.4. Selektionsverfahren zum Training neuronaler Netze

Die meisten Trainingsverfahren für neuronale Netze sind halbdeterministisch: es werden über Zufallszahlen Eingabewerte ausgesucht, dann aber mit einer deterministisch strukturierten Formel alle Gewichte verbessert. In diesem Abschnitt wird ein Verfahren vorgeschlagen, welches auf Selektionsbasis Gewichte verändert ([Ki94]). Für mehrstufige Netze erweist es sich, daß man durch Mischung dieses Verfahrens mit der Backtracking-Methode erhebliche Rechenzeiten beim Netztraining gewinnen kann.

6.4.1 Einstufige Netze

Wir betrachten ein einstufiges Netz im Sinne von Abschnitt 6.1. Dem Eingabevektor e wird ein Ausgabevektor a zugeordnet, welcher sich ergibt aus

$$a_j = f\left(\sum_k w_{jk} e_k\right)$$

wobei f eine Transferfunktion und die w_{jk} geeignete Gewichte des Netzes sind. Ein- und Ausgabewerte sollen nur die Binärwerte 0 und 1 annehmen können.

Mit den Werten z_j liegen Zielwerte vor, die das Netz liefern soll. Für $\varepsilon_i = z_i - a_i$ lauten die Gewichtskorrekturen

$$\Delta w_{ij} = \alpha \cdot e_j \cdot \varepsilon_i$$

wie in Abschnitt 6.1.4 dargelegt wurde.

Ein anderer Ansatz zum Training des Netzes ist die Selektionsmethode. Da nämlich eine Optimierung vorliegt in dem Sinne, daß die Fehlerfunktion

$$F = \sum_j \varepsilon_j^2$$

ein Minimum annehmen soll, kann man das Minimum über Selektion und Mutation suchen. Die zu verändernden Größen sind die Gewichte, so daß das Vorgehen präjudiziert ist:

[1] Suche über Zufallszahlen ein Gewicht w_{ij}.

[2] Verändere das Gewicht über Mutation.

[3] Wird die Fehlerfunktion F verbessert, behalte das neue Gewicht, andernfalls vergesse es.

Eine Iterationsfolge, in der diese drei Anweisungen sukzessive ausgeführt werden, wäre rechnerisch zu aufwendig, da nach jeder Mutation die Fehlerfunktion neu berechnet werden müßte.

Wir berechnen daher den Einfluß einer Gewichtsänderung auf die zu minimierende Fehlerfunktion direkt:

Für $\varepsilon_i = z_i - a_i$ ist

$$\frac{\delta F}{\delta w_{ij}} = -2 \cdot (z_i - a_i) \cdot f'(...) \cdot e_j$$

(z_i = Zielwerte, a_i = Sollwerte, siehe oben).

Die Ableitung der Transferfunktion ist wegen deren Monotonie nicht negativ, so daß wir $2 \cdot f'(...) = \alpha \geq 0$ setzen können.

Aus obiger Gleichung erhält man, wenn man $\delta F = \Delta F$ und $\delta w_{ij} = \Delta w_{ij}$ setzt:

$$\Delta F \approx -\alpha \cdot (z_i - a_i) \cdot e_j \cdot \Delta w_{ij}$$

Die Fehlerfunktion soll kleiner werden, also $\Delta F < 0$ sein. Dies ist zu erreichen, wenn:

Fall 1: $z_i = 0$, $a_i = 1$, $e_j = 1$ $\Rightarrow$ $\Delta w_{ij} = \delta < 0$

Fall 2: $z_i = 1$, $a_i = 0$, $e_j = 1$ $\Rightarrow$ $\Delta w_{ij} = \delta > 0$

Ist $z_i = a_i$, ist der Output an der Stelle i korrekt, es erfolgt keine Korrektur.

Ein Selektionsschritt lautet nunmehr:

[1] Erzeuge zwei Integer-Zufallszahlen i und j sowie eine Real-Zufallszahl $\delta > 0$.

[2] Falls $z_i = a_i$, fahre fort bei [1].

[3] Falls $e_j = 0$, fahre fort bei [1].

[4] Falls $z_i > a_i$, ersetze $w_{ij} \rightarrow w_{ij} + \delta$

[5] Falls $z_i < a_i$, ersetze $w_{ij} \rightarrow w_{ij} - \delta$

Ein Lernschritt nach diesem Algorithmus ist in seiner Grundstruktur ähnlich der Korrekturformel des "klassischen" Verfahrens zum Trainieren des Perzeptrons. Daher ist die Qualität des Verfahrens vergleichbar. Im Gegensatz zum deterministischen Verfahren ist die Konvergenz nicht garantiert. Bei großen Netzen erfolgt oft keine Konvergenz, bei kleinen Netzen ist das Selektionsverfahren in vielen Fällen schneller.

Ein qualitativer Vorteil des Selektionsverfahrens scheint daher nicht gegeben. Dies ist allerdings völlig anders bei mehrstufigen Netzen, wie im nächsten Abschnitt gezeigt werden wird.

6.4.2 Zweistufige Netze

6.4.2.1 Herleitung des Selektionsverfahrens

Das für das Perzeptron diskutierte Selektions-Trainingsverfahren soll auf zweistufige Netze angewendet werden.

Dem Eingabevektor e wird ein Ausgabevektor a zugeordnet, welcher sich ergibt aus

$$[6.8] \quad h_j = f\left(\sum_k w_{jk}^2 \, e_k\right)$$

$$[6.9] \quad a_j = f\left(\sum_k w_{jk}^1 \, h_k\right)$$

Hier sind – vgl. Abschnitt 6.2.1 – w_{jk}^2 und w_{jk}^1 die Gewichte der unteren bzw. der oberen Stufe des zweistufigen Netzes.
h_j sind die Belegungen der versteckten Neuronen. Alle Werte seien binär (0,1) und f(...) sei eine geeignete Transferfunktion. Mit den Werten z_j liegen Zielwerte vor, auf die das Netz trainiert werden soll.

Der Ansatz zur Selektions-Trainingsmethode ist der folgende:

Wähle die ganzzahligen Zufallszahlen k ε {1,2}, i und m sowie die reelle Zufallszahl δ und führe die folgende Mutation durch:

$$w_{im}^k \rightarrow w_{im}^k + \delta$$

Die Mutation ist in Richtung der Minimierung der Fehlerfunktion durchzuführen. Dies führt zu Regeln, die das Vorzeichen von δ betreffen.

Wir leiten zunächst diese Regeln her für k = 1, also die obere Stufe des Netzes.

Aus [6.9] erhält man nach der Mutation von w_{jm}^1 einen gestörten Output a'_j:

$$a'_j = f\left(\sum_k w_{jk}^1 \, h_k + \delta \cdot h_m\right)$$

$$= f(u+v)$$

mit

$$u = \sum_k w_{jk}^1 \cdot h_k$$

und

$v = \delta \cdot h_m$

Wegen der Eigenschaft der Transferfunktion ist $f(\sigma) = 1$ falls $\sigma > 0$ und $f(\sigma) = 0$ falls $\sigma \leq 0$. Daher gilt

$u > 0$, $v > 0 \Rightarrow f(u+v) = a'_j = 1$, $f(u) = a_j = 1 \Rightarrow a'_j = a_j$

Insgesamt gibt es vier mögliche Fälle:

Fall 1: $u > 0$, $v > 0 \Rightarrow a'_j = 1$, $a_j = 1 \Rightarrow a'_j = a_j$

Fall 2: $u \leq 0$, $v < 0 \Rightarrow a'_j = 0$, $a_j = 0 \Rightarrow a'_j = a_j$

Fall 3: $u \leq 0$, $v > 0 \Rightarrow a'_j = 1$ oder 0, $a_j = 0 \Rightarrow a'_j - a_j \geq 0$

Fall 4: $u > 0$, $v < 0 \Rightarrow a'_j = 1$ oder 0, $a_j = 1 \Rightarrow a'_j - a_j \leq 0$

Offenbar ist eine Mutation mit der Störung δ nur sinnvoll in den Fällen 3 und 4, da sonst der Output unverändert bleibt. Diese Fälle können wir detailliert beschreiben:

Fall 3: $u \leq 0 \Leftrightarrow a_j = 0$

$v > 0 \Leftrightarrow \delta \cdot h_m > 0 \Leftrightarrow \delta > 0$ falls $h_m = 1$

Fall 4: $u > 0 \Leftrightarrow a_j = 1$

$v < 0 \Leftrightarrow \delta \cdot h_m < 0 \Leftrightarrow \delta < 0$ falls $h_m = 1$

Dies führt auf die Mutationsregel:

Mutiere

$w^1_{jm} \to w^1_{jm} + \delta$

mit $\delta > 0$, falls $h_m = 1$ und $a_j = 0$

mit $\delta < 0$, falls $h_m = 1$ und $a_j = 1$

Da zudem nur eine Mutation erfolgen sollte, wenn der Zielwert z_m noch nicht erreicht ist, wenn also $z_m <> a_m$, können wir die folgende Regel formulieren:

Regel 1:

Falls $z_j <> a_j$ und
falls $h_m = 1$, dann mutiere

$w^1_{jm} \to w^1_{jm} + \delta$

Dabei wähle $\delta < 0$ falls $a_j = 1$ und
$\delta > 0$ falls $a_j = 0$

156

Der zugehörige Algorithmus lautet:

[1] Erzeuge zwei Integer-Zufallszahlen i und j sowie eine Real-Zu-
     fallszahl $\delta > 0$.

[2] Falls $z_i = a_i$, fahre fort bei [1].

[3] Falls $h_j = 0$, fahre fort bei [1].

[4] Falls $z_i > a_i$, ersetze $w_{ij}^1 \rightarrow w_{ij}^1 + \delta$.

[5] Falls $z_i < a_i$, ersetze $w_{ij}^1 \rightarrow w_{ij}^1 - \delta$.

Dies ist exakt der Algorithmus für das Selektionsverfahren des Perzeptrons (vgl. Abschnitt 6.3.1).

Als nächstes sind die Mutationsregeln für die Gewichte w_{ij}^2 herzuleiten.

Es ist nach [6.8]:

$$h_j = f\left(\sum_k w_{jk}^2 \cdot e_k\right)$$

und die durch eine Mutation von w_{jm} gestörten Werte h'_j sind:

$$h'_j = f\left(\sum_k w_{jk}^2 \cdot e_k + \delta\, e_m\right) = f(u + v)$$

mit

$$u = \sum_k w_{jk}^2 \cdot e_k$$

und

$$v = \delta \cdot e_m$$

Wie bei den Gewichten w_{ij}^1 haben wir vier Fälle zu unterscheiden:

Fall 1: $u > 0,\ v > 0 \Rightarrow h'_j = 1,\ h_j = 1 \Rightarrow h'_j = h_j$

Fall 2: $u \leq 0,\ v < 0 \Rightarrow h'_j = 0,\ h_j = 0 \Rightarrow h'_j = h_j$

Fall 3: $u \leq 0,\ v > 0 \Rightarrow h'_j = 1\ \text{oder}\ 0,\ h_j = 0 \Rightarrow h'_j - h_j \geq 0$

Fall 4: $u > 0,\ v < 0 \Rightarrow h'_j = 1\ \text{oder}\ 0,\ h_j = 1 \Rightarrow h'_j - h_j \leq 0$

Offenbar ist eine Mutation mit der Störung v nur sinnvoll in den Fällen
3 und 4, da sonst die Werte der versteckten Neuronen unverändert bleiben. Diese Fälle können wir detailliert beschreiben:

157

Fall 3: $u \leq 0 \iff h_j = 0$

$\qquad v > 0 \iff \delta \cdot e_m > 0 \iff \delta > 0$ falls $e_m = 1$

Fall 4: $u > 0 \iff h_j = 1$

$\qquad v < 0 \iff \delta \cdot e_m < 0 \iff \delta < 0$ falls $e_m = 1$

Dies führt auf die Mutationsregel:

Mutiere

$$w_{jm}^2 \;\to\; w_{jm}^2 + \delta$$

mit $\delta > 0$, falls $h_j = 0$ und $e_m = 1$

mit $\delta < 0$, falls $h_j = 1$ und $e_m = 1$

Ein Mutationsschritt sollte natürlicherweise nicht stattfinden, wenn bereits alle Outputwerte den Zielwerten entsprechen. All dies führt auf die Regel:

Regel 2:

Falls mindestens ein $z_s <> a_s$ und
falls $e_m = 1$, dann mutiere

$$w_{jm}^2 \;\to\; w_{jm}^2 + \delta$$

Dabei wähle $\delta < 0$ falls $h_j = 1$ und
$\qquad\qquad\quad \delta > 0$ falls $h_j = 0$ j

Der zugehörige Algorithmus lautet:

[1]   Erzeuge zwei Integer-Zufallszahlen i und j sowie eine Real-Zufallszahl $\delta > 0$.

[2]   Falls alle $z_k = a_k$, dann stop.

[3]   Falls $e_j = 0$, fahre fort bei [1].

[4]   Falls $h_i = 0$, ersetze $w_{ij}^2 \to w_{ij}^2 + \delta$.

[5]   Falls $h_i = 1$, ersetze $w_{ij}^2 \to w_{ij}^2 - \delta$.

158

6.4.2.2 Der Algorithmus

Die zu Regel 1 und Regel 2 gehörenden Teilalgorithmen aus Abschnitt 6.4.2.1 lassen sich zu einem Algorithmus zusammenfügen, der das Selektions-Trainingsverfahren für zweistufige Netze darstellt. Ein Mutationsschritt in diesem Verfahren wird nach der folgenden Vorschrift hergeleitet:

[1] Berechne aus den Eingabewerten e_k:

$$h_j = f\left(\sum_k w_{jk}^2 e_k\right) \quad \text{(versteckte Werte)}$$

$$a_j = f\left(\sum_k w_{jk}^1 h_k\right) \quad \text{(Ausgabewerte)}$$

[2] Wähle die ganzzahlige Zufallszahl $p \,\varepsilon\, \{1,2\}$.
Falls $p = 1$, fahre fort bei [3], andernfalls bei [9].

[3] Erzeuge zwei Integer-Zufallszahlen i und j sowie eine Real-Zufallszahl $\delta > 0$.

[4] Falls für den zu trainierenden Zielwert z_i gilt: $z_i = a_i$, fahre fort bei [2].

[5] Falls $h_j = 0$, fahre fort bei [2].

[6] Falls $z_i > a_i$, ersetze $w_{ij}^1 \to w_{ij}^1 + \delta$.

[7] Falls $z_i < a_i$, ersetze $w_{ij}^1 \to w_{ij}^1 - \delta$.

[8] Ende.

[9] Erzeuge zwei Integer-Zufallszahlen i und j sowie eine Real-Zufallszahl $\delta > 0$.

[10] Falls alle $z_i = a_i$, dann stop.

[11] Falls $e_j = 0$, fahre fort bei [9].

[12] Falls $h_i = 0$, ersetze $w_{ij}^2 \to w_{ij}^2 + \delta$.

[13] Falls $h_i = 1$, ersetze $w_{ij}^2 \to w_{ij}^2 - \delta$.

Das Selektions-Trainingsverfahren besteht aus einer Folge der so durchgeführten Mutationsschritte.

6.4.2.3 Qualitative Bewertung des Verfahrens

Das oben beschriebene Verfahren ist heuristisch. Es werden Mutationsschritte nur für solche Gewichtselemente durchgeführt, die (möglicherweise) dafür mitverantwortlich sind, daß falsche Ausgabewerte berechnet werden. In diesem Falle wird das Vorzeichen so angesetzt, daß eine Korrektur in die richtige Richtung erfolgt.

Bei einem solchen Verfahren ist nicht unbedingt Konvergenz zu erwarten. Allerdings ist es so angelegt, daß der globale Fehler nicht wächst. Gegenüber dem Backpropagation-Verfahren hat es den Vorteil, daß globale Minima verlassen werden können.

Experimente zeigten, daß das Verfahren für kleine Netze äußerst schnell sein kann, daß aber bei größeren Netzen möglicherweise Divergenz auftritt, das Netz also nicht trainiert werden kann.

Die Vor- und Nachteile von Backpropagation und Selektion seien im folgenden zusammengestellt:

Backpropagation: Eine Fehlerfunktion wird minimalisiert. Es kann bewiesen werden, daß das Verfahren konvergiert, daß also die Fehlerfunktion den Grenzwert 0 annimmt. Lokale Minima können nicht verlassen werden.

Selektionsverfahren: Es existiert kein Konvergenzbeweis, allerdings wächst der globale Fehler nicht. Lokale Minima können verlassen werden. Bei kleinen Netzen erweist sich die Methode als äußerst schnell.

Die Nachteile beider Verfahren – Nichtkonvergenz bei der Selektion bei großen Netzen und lokale Minima bei Backpropagation – lassen sich eliminieren, wenn man beide Methoden zu einem Trainingsverfahren verbindet. Dies könnte dadurch geschehen, daß man bei jeder Iteration einen Backpropagation-Schritt und dann einen Selektionsschritt durchführt. Die Backpropagation-Komponente garantiert die Konvergenz, und die Selektionskomponente sorgt für Schnelligkeit und für ein mögliches Herausfinden aus lokalen Minima der Fehlerfunktion.

Numerische Experimente, wie sie im nächsten Abschnitt vorgestellt werden, zeigen ein leistungsfähiges Verfahren, bei dem in den gezeigten Beispielen die Trainingszeit gegenüber dem reinen Backpropagation auf unter 10 % gesunken ist.

Jeder, der Netze über Backpropagation trainierte, kennt die langen Trainingszeiten bei großen Netzen. Hier stellt das gemischte Verfahren einen wesentlichen Fortschritt dar.

6.4.3 Numerische Ergebnisse

Das Verfahren wurde getestet an einem zweistufigen Netz ([Ki94]), welches auf die folgende Funktion trainiert werden soll:

$i \rightarrow i^2$ für $i = 0, 1, 2, 3, \ldots N$

Wählen wir $N = 4$, lautet die Funktion:

	Eingabe		Ausgabe		
0	=	0 0 0	0 0 0 0 0	=	0
1	=	0 0 1	0 0 0 0 1	=	1
2	=	0 1 0	0 0 1 0 0	=	4
3	=	0 1 1	0 1 0 0 1	=	9
4	=	1 0 0	1 0 0 0 0	=	16

Mit drei Eingabe- und fünf Ausgabeneuronen sowie sieben versteckten Neuronen ergab sich für die Zahl der Lernschritte, bis das Netz exakt arbeitete:

Backpropagation: 23 000 Iterationen

Selektionsmethode: 1 400 Iterationen

Gemischte Methode: 400 Iterationen

Wie man erkennt, war die Selektionsmethode wesentlich schneller als Backpropagation. "Unschlagbar" allerdings war die gemischte Methode mit nur 400 Lernschritten.

Auch für andere N-Werte ergab es sich, daß die gemischte Methode überraschend niedrige Rechenzeiten besaß. Die folgende Tabelle 11 zeigt die Zahl der Iterationen für die einzelnen Verfahren. Das Selektionsverfahren konvergierte nicht ab $N = 7$.

	Zahl der Neuronen in den Schichten			Zahl der Iterationen bei			% Rechenzeit
N	Eingabe	versteckt	Ausgabe	Backprop	Selekt.	Gemischt	
3	2	4	4	2 800	600	400	14,3
4	3	7	5	23 000	1 400	700	3,0
5	3	11	5	8 400	30 000	900	10,7
6	3	14	6	410 000	545 000	500	0,1
7	3	20	6	31 000	–	2 400	7,7
8	4	20	7	231 000	–	1 500	0,6
9	4	22	7	135 000	–	3 300	2,4
Durchschnitt:				120 000		1 400	5,5 %

Tabelle 11: Zahl der Lernschritte bei verschiedenen N

Offenbar war die gemischte Methode die eindeutig bessere. Die Trainingszeiten reduzierten sich gegenüber der Backpropagation-Methode auf durchschnittlich 5,5 %.

Für die Funktion N = 9 findet man in Tabelle 12 die Zahl der Iterationen für ein Netztraining, die notwendig waren, damit das Netz mit x% Wahrscheinlichkeit die richtigen Funktionswerte ausgibt.

Prozentuale Sicherheit des neuronalen Netzes	Zahl der Iterationen	
	Backpropagation	gemischt
50 %	26 900	100
60 %	32 200	150
70 %	33 500	200
80 %	90 600	400
90 %	115 500	1 800
100 %	135 000	3 300

Tabelle 12: Zahl der Iterationen für verschiedene Sicherheiten bei N = 9

Offenbar liegt ein hybrides Verfahren vor als Mischung eines selektiven und eines halbdeterministischen Vorgehens. Die Rechenzeitersparnisse sind unerwartet hoch. Zur Zeit wird dieses Verfahren auf weitere Netze mit komplexeren Funktionsaussagen angewendet. Ergebnisse liegen noch nicht vor, jedoch werden sich hier vermutlich ähnliche Reduzierungen der Trainingszeiten für Netze ergeben.

7. Anhang

7.1 Historisches

Es war im Jahre 1967, als zum ersten Mal das Wort "genetischer Algorithmus" im Rahmen einer Dissertation geprägt wurde. Es handelte sich um eine Arbeit von J.D. Bagley an der Universität Michigan über das Spiel "Hexapawn". Bagley benutzte eine Vorstufe dessen, was wir heute als "genetische Algorithmen" bezeichnen.

Im Jahre 1975 veröffentlichte J.H. Holland von der University of Michigan sein grundlegendes Buch "Adaption in Natural and Artificial Systems" ([Ho75]), in welchem er die algorithmischen Grundlagen legte und seine Theorie über Schemata darlegte. Dieses Buch zählt heute zu den Klassikern der genetischen Algorithmen.

Im selben Jahr fertigte De Jong seine Dissertation an ([DJ75]), in der er die theoretischen Aussagen Hollands an vielen praktischen Beispielen nachprüfte.

Mutations-Selektionsverfahren wurden erstmals Anfang der siebziger Jahre von I. Rechenberg an der TU Berlin untersucht. Eine der ersten Anwendungen war die Ermittlung einer optimal ausgelegten Einkomponenten-Zweiphasen-Überschalldüse. Die Düse wurde aus n Scheiben mit verschiedenen Lochdurchmessern zusammengesetzt und experimentell wurde der Strömungswiderstand gemessen. Den Mutationen entsprach das Auswechseln von Scheiben. G. Dueck, T. Scheuer und H.M. Wallmeier von der Firma IBM (Heidelberg) testeten in den letzten Jahren eine Reihe von Varianten des Mutations-Selektionsverfahrens wie die Threshold-Accepting-Methode oder das Sintflut-Verfahren.

Aus den Ansätzen von Rechenberg entwickelte sich die Evolutionsstrategie. Hier war besonders H.P. Schwefel (Universität Dortmund) mit seinen Mitarbeitern beteiligt. Evolutionsstrategien und genetische Algorithmen besitzen gleiche Grundkomponenten, sie unterscheiden sich in der algorithmischen Implementierung. Die ersten Kontakte der deutschen Wissenschaftler (Evolutionsstrategie) und der amerikanischen Forscher (Genetische Algorithmen) fanden erst 1990 statt.

Probleme der genetischen Programmierung wurden u.a. von J.R. Koza erforscht und in seinem Buch [KO92] ausführlich beschrieben.

7.2 Literatur

[Ba67] Bagley, J.D.: The behaviour of adaptive systems which employ genetic and correlation algorithms. Diss. Univ. of Michigan. Dissertation Abstracts International 28, (12) 510GB 1967

[Br91] Brause, R.: Neuronale Netze. Teubner Verlag, 1991

[Da91] Davis L.: Handbook of Genetic Algorithms. New York: Van Nostran Reinhold, 1991

[DJ75] De Jong, K.A.: An analysis of behaviour of a class of genetic adaptive systems. Diss. University of Michigan, 1975

[DSW93] Dueck, G., Scheuer, T., Wallmeier, H.M.: Toleranzschwelle und Sintflut: neue Ideen zur Optimierung. Spektrum der Wissenschaft, März 1993, Seite 42 ff

[GN87] Genesereth, M.R., Nilsson, M.J.: Logical Foundations of Artificial Intelligence, Morgan Kaufmann, 1987

[GG85] Grefenstette, J.J., Gopal, R., Rosmaita, B.J., Van Gucht, D.: Genetic algorithms for the travelling salesman problem. Proc. of the International Conference on Genetics a. Appl. 1985, pp. 160-168

[GF85] Grefenstette, J.J. Fitzpatrick, J.M.: Genetic search with approximate function evaluation. Proc. of the International Conference on Genetic Algorithms and Their Applications, 1985, pp. 112-120

[Go83] Goldberg, D.E.: Computer aided gas-pipeline operation using genetic algorithms and rule learning. Diss. abstract International 44(10), 3174B, (University Microfilms No 8402282), University of Michigan, 1983

[Go89] Goldberg, D.E.: Genetic Algorithms in Search, Optimization, and Machine Learning, New York, Sidney: Addison Wesley, 1989

[HG89] Harp, S.T., Samad, Guha, A.: Toward the genetic synthesis of neural networks. Proc. of the third Internat. Conf. on Genetic Algorithms, Morgan Kaufmann, 1989

[Ho71] Holstien, R.B.: Artificial genetic adaption in computer control systems. Diss. Univ. of Michigan, 1971

[Ho75] Holland, J.H.: Adaption in natural and artificial systems. Ann Arbor: The University of Michigan Press, 1975

[Ho82] Hopfield J.J.: Neural networks and physical systems with emergent collective computational abilities. Proc. of the Nat. Academy of Sciences 79, Washington, 1982

[Ho84] Hoyle, F.: Das intelligente Universum: Eine neue Sicht von Entstehung und Evolution. Breisenstein: Umschau Verlag, 1984

[HR86] Hinton, G. Rumelhart, Williams, R,: Learning Representations by Backpropagation Errors. Nature 323, 1986, pp. 533-536

[Je91] Jeffersen, D. et al.: Evolution as a theme in artificial life: The genesys tracker-system. Artificial Life II, Addison Wesley, 1991

[Ki92] Kinnebrock, W.: Neuronale Netze. München, Wien: Oldenbourg Verlag, 1992

[Ki94] Kinnebrock, W.: Accelerating the Standard Backpropagation Method using a Genetic Approach. Neurocomputing, Amsterdam, New York: Elsevier Science Publishers, 1994

[Ko92] Koza, J.R.: Genetic Programming. London, Cambridge (Massachusetts): The MIT Press, 1992

[Mi89] Miller, T., Todd, P. and Hedge, S.: Designing neural networks using genetic algorithms. Proceedings of the Third International Conference on Genetic Algorithms. 1989

[Mo89] Montana D.J., Davis, L.: Training feedforward neural networks using genetic algorithms. Proceedings of the 11. International Joint Conference on Artificial Intelligence. 1989, pp. 762-767

[Mü93] Müller, B.: Iterative Algorithmen zur Optimierung am Beispiel des Travelling Salesman Problem. Studienarbeit Fachhochschule Rheinland-Pfalz, Abt. Bingen, SS 1993

[MP69] Minski, M., Papert, S.: Perceptrons. Cambridge (Massachusetts): MIT Press, 1969

[Rec65] I. Rechenberg: Cybernetic solution path of an experimental problem. Roy. Aircr. Establ. libr. Transl. 1122, August 1965 Farnborough, Hants

[Rec73] I. Rechenberg: Evolutionsstrategie: Optimierung technischer Systeme nach Prinzipien der biologischen Evolution. Stuttgart, Frommann Holzboog Verlag, 1973

[Ro58] Rosenblatt, F.: The perceptron: a probabilistic model for information storage and organization storage in the brain. Psychological Review 65, 1958

[Ru86] Rumelhart, D., McClelland, J.: Parallel Distributed Processing. Cambridge, Mass.: MIT Press, 1986 Roy. Aircr. Establ. libr. transl. 1122, August 1965, Farnborough, Hants

[SBK93] Schwefel, H.P., Bäck, T., Kursawe, F.: Naturanaloge Verfahren. Grundlagen und praktischer Einsatz in der Optimierung. Tutorium Universität Dortmund, 1993

[Sch81] Schwefel, H.P.: Numerical Optimization of Computer Models. Chinchester: Wiley, 1981

[Sch87] Schwefel, H.P.: Collective phenomena in evolutionary systems: Reprints of the Annual Meeting of the International Society for General System Research, Budapest, 1987, Vol.2, pp. 1025-1033

[Sy89] Syswerda, G.: Uniform crossover in genetic algorithms. In: Proc. of the third Internat. Conf. on Genetic Algor. Morgan Kaufmann Publishers, 1989

7.3 Zeitschriften und Konferenzen

Zeitschriften

Evolutionary Computation
(ISSN 1063-6550)
MIT Press Journals

Konferenzen

ICGA
International Conference on Genetic Algorithms and Their Applications
seit 1985, zweijährig USA

PPSN
International Conference on Parallel Problem Solving from Nature
seit 1990, zweijährig
(1990: Dortmund, 1992: Brüssel, 1994: Jerusalem)

7.4 Förderprojekte

Das Bundesministerium für Forschung und Technologie fördert in dem
Zeitraum 1993 bis 1996 Projekte mit dem Schwerpunkt "Optimierungs-
strategien in der Bioinformatik – Evolutionäre Algorithmen" (Ge-
samtvolumen 11 Millionen DM).

Kontaktadresse:
Deutsche Forschungsanstalt für Luft- und Raumfahrt e.V.
Projektträger Informationstechnik
Rudower Chausse 5
12489 Berlin

7.5 Register

Vom Grundlagenwissen zum industriellen Einsatz

Madjid Fathi-Torbaghan/
Achim Höffmann

**Fuzzy Logik und
Blackboard-Modelle**
in der technischen Anwendung

1994. 256 Seiten,
ISBN 3-486-22650-9

Überzeugende praktische Erfolge in vielen Anwendungsgebieten haben die Fuzzy Logik und das Blackboard-Modell, zwei zentrale Technologien der wissensbasierten Informationsverarbeitung, in den Mittelpunkt des Interesses gerückt.

Dieses Buch führt – nach einem kurzen Aufriß der Wissenstechnik – in die Grundlagen der Fuzzy Logik und des Blackboard-Modells ein und stellt die beiden Technologien im industriellen Einsatz vor.

Es wendet sich sowohl an Ingenieure, die es mit den Potentialen der Wissenstechnik vertraut macht, als auch an Informatiker, denen es konkrete Anwendungen der beiden Technologien aufzeigt.

Oldenbourg

www.ingramcontent.com/pod-product-compliance
Lightning Source LLC
Chambersburg PA
CBHW070240230326

41458CB00100B/5666